들어가는 글

'책방의 역할은 단순히 책을 판매하는 것을 넘어서 독자들이 쓰게 만드는 것이다.'

와글와글 프로젝트는 책방의 역할에 대한 고민 끝에 나온 프로젝트입니다. 글을 쓰고 싶은 사람에게 쓸 수 있는 환경을 제공하고, 차곡차곡 쌓인 글을 모아 하나의 책으로 만듭니다. 사람을 모아 쓰게 만드는 이유는 홀로 책 한 권을 써내기 위해서 많은 노력이 필요하지만, 책에 글 한 편을 담는 것은 상대적으로 수월하기 때문입니다. 이로써 쓰는 과정에서 지치지 않게 하며, 책에 담긴 자신의 글을 보며 다음 글쓰기에 대한 동기를 얻을 수 있습니다.

이번 〈아무도 없는 집으로 돌아와 불을 켰다〉에는 9명의 저자가 함께 했습니다. 이번에도 전혀 다른 직업과 살아온 환경에서 비롯된 다양한 이야기가 담겼습니다. 저자 중에는 글을 처음 써보는 사람도 있고, 책에 이름이 처음 실리는 사람도 있고, 여러 권의 책을 출간한 사람도 있습니다. 유일한 공통점은 쓰기였습니다.

아무도 없는 집으로 돌아와 **불**을 켰다

쓰기 위해 불을 켠 9인의 글

와글와글
두 번째 이야기

준비한 주제는 총 8가지입니다.

사이, 책장, 엽서, 커피, 오래된 물건, 달, 포옹 중에 단어를 하나씩 골라가며, 단어만 보고 떠오른 글을 써서 제출해야 했습니다. 그리고 7가지 단어 외에 특별한 것을 준비했습니다. 책 제목인 '아무도 없는 집으로 돌아와 불을 켰다.'가 첫 문장으로 시작하는 글을 써야 했습니다. 같은 문장으로 시작하는 서로 다른 글이 모이자 참 신기했습니다. 분위기는 같더라도 각각 이야기가 전혀 달랐기 때문이죠.

저자들이 주제를 가지고 글을 열심히 쓸 수 있게 자극하는 최소한의 장치는 지난번과 같습니다. 한 가지의 주제로 글을 한 편만 쓸 수 있는 것, 여섯 편의 글이 모이면 해당 주제는 마감되는 것, 최소 글자 수가 1,600자 이상일 것, 시작한 글은 모두 마무리 지어야 책방에서 나갈 수 있는 것.

이제 두 달 동안 부여된 주제를 가지고 쓰기 위해 노력한 작가들의 이야기를 들어볼 시간입니다. 같은 주제로 쓰인 다른 글을 입맛에 맞게 즐겨 주시길 바랍니다. 마음에 드는 글은 몇 번을 곱씹어 보며 읽어보고, 취향과 맞지 않는 글은 쉽게 책장을 넘겨주면 됩니다.

당신의 마음을 간지럽힌 그 글은 과연 누가 썼을까요?

목차

들어가는 글 _006

사이

술독 사이를 걸으며 생각한다 _014
가볍게 들려오는 키보드 소리에 귀를 기울이다 _018
사이코패스 _022
우리가 반말할 사이는 아니잖아요? _026

책장

그들의 이야기를 기다린다 _032
천장에 닿을 만한 책장을 갖고 싶어 _036
어떻게 살고 있나 _040

엽서

봄은 엽서의 계절 _048
빨간 펜 당신 _051
여행의 엽서 _056
수취인불명 _060
엽서로 꽃 피운 여행 _064

커피

"김 양, 여기 커피 좀." _072
원두는 두 티스푼 설탕은 한 티스푼 _078
커피를 마실 때 _081
소파에 기대어 _086
블라우스에 커피가 쏟아진다 _089
2:2:2 _093

오래된 물건

낚시대 단상 _098
손수건에 남은 잔향 _102
○○산업 신입사원 공채모집 면접실 _106
시간이 지나도 기다리는 것들 _113

달

달을 보러 가는 시간 _122
달이 뜨는 밤에는 _127
달이 핀다, 달을 편다 _131
어둠 속에 존재하기 _135

포옹

내 품의 온도 _140
어젯밤 꿈속에 _143
껴안는다는 의미, 어색함의 의미 _147
나는 서비스직이다 _152
서태지와 별책부록 그리고 S _158

아무도 없는 집으로 돌아와 불을 켰다

마마보이 _170
사랑의 시작과 소멸 _173
내가 돌아오는 그곳 _178
집으로 돌아가는 시간 _182
어둠과 살 맞대고 _186
비싼 밥 먹는 날 _189

나가는 글 _200

- 사이
- 책장
- 엽서
- 커피
- 오래된 물건
- 달
- 포옹
- -

사이

단어만 딱 읽었을 때 굉장히 어색하지 않나요? 홀로 서지 못하고 어떻게든 틈을 비집고 들어가서 함께 있어야 완벽하게 보이는 단어. 이렇듯 사이는 드러나지 않지만 존재하고, 존재가 드러나는 순간 어색해지는 것 같습니다. 마치 가까워지고 있는 남녀가 '우리는 무슨 사이야?' 하는 순간처럼 말이죠. 사람과 사람 사이, 또는 어지럽게 쌓인 물건 사이에 자그마한 틈에 관련된 이야기를 들려주세요. 당신이 글을 쓰는 사이 저는 마실 거리를 준비해 볼게요.

술독 사이를 걸으며 생각한다

　같은 곳을 두 번째 갈 때는, 익숙함이라는 말로 정의할 수 없는 또 다른 느낌으로 풍경이 다가온다. 눈 앞에 펼쳐지는 풍경 위에 얇은 습자지를 겹쳐 얹은 듯, 예전 기억이 중첩되는 느낌이 드는 것이다. 오랜만에 다시 찾은 포천의 산사원 역시 그랬다.

　아주 오래전 포천의 산사원에 갔던 적이 있다. 운전경력도 짧았고, 내비게이션도 없어 지도를 펼쳐 들고 포천의 펜션을 찾아가던 길이었다. 친구들과 떠들다가 그만 길을 잃었다. 그때 우연히 산사원 표지판이 눈에 들어왔다.
　"이왕 길을 잃은 거 저기나 들어가 보자."
　누구 하나 망설이지 않고, 찬성을 외쳤다. 여행은 사람을 겁쟁

이로 만들기도 하지만, 때로 이렇게 대책 없이 용감하게 만들기도 하는 법이다.

술이 많았다. 조금씩 시음도 해볼 수 있을 뿐 아니라, 시중에서 팔지 않는 술이 상당히 많았다. 이것저것 맛을 보고 나올 땐 우리 손에 낯선 술 여러 병이 들려있었다. 그제야 산사원에 딸린 넓은 정원이 눈에 들어왔는데, 바깥 공기를 쐬자 우리가 길을 잃었다는 사실이 떠올랐다. 오후의 해가 넘어가고 있었다. 그제야 갑자기 급해진 마음에 다음을 기약했다.

"다음에 다시 오면 정원도 꼭 보자!"

그다음이 참 길었다. 그 이후 친구들과 만나면 가끔 그때의 포천 여행을 이야기하곤 했다. 길을 잃어 구리부터 헤매던 일. 우연히 산사원에 들어가 시중에선 팔지 않는 생주를 몇 병 사 들고 신나 하던 우리들의 옛 추억이 거기 있었다.

세월이 더 많이 지난 지금은 그때의 친구들을 그처럼 자주 보기 힘들다. 다들 각자의 인생은 저마다의 이유를 댔다. 몸은 바빴고, 마음은 여유가 없었다. 그러다 보니 충고라는 이름을 달았지만, 시간이 지나고 생각해보니 비난이었던 말들도 있었다. 그렇게 바쁘다는 이유로, 서운하다는 이유로 멀어지고 소원해진 친구들을 가끔 생각했다. 어쩌다 경조사에서 만나 서로 손을 잡고 이야기하곤 했다. 우리가 이런 데서나 볼 사이니, 라고 말이다. 그러면서도 그다음엔 또다시 경조사에서나 보았다. 그저 우리가 지나온 세월만큼 다들 멀리 있는 듯했다.

오래전 추억을 간직한 채로 오랜만에 다시 산사원에 들어섰다. 그 시절의 모습과 크게 변한 것은 없어 보였다. 친구들과 함께하지는 못했지만, 이번에는 여유를 가지고 천천히 돌아보았다.

누룩왕이라고도 불렸다는 우곡 배상면 선생의 연대기를 눈으로 훑었다. '백번을 시도하고 천 번을 고치라' 했다는 선생의 말씀이 있었다. 문득, 자신을 돌아보게 되었다. 백번을 시도할 용기도, 천 번을 고칠 끈질김도 부족한 인생이라는 생각이 들었다. 선생의 그 글귀 앞에 참 오래 서 있었다.

예전에 제대로 보지 못한 정원은 이제야 꼼꼼히 돌아보았다. 햇살이 눈 부셨다. 넓디넓은 정원 한편에 사람도 들어갈 만큼 큰 독이 엄청 많았다. 줄지어 선 술독들 사이를 천천히 걸었다. 커다란 술독은 마치 미로처럼 끝없이 많고도 많았다. 그런데 술독 표면엔 먼지가 뽀얗게 쌓여있었다. 이 많은 술독은 그저 장식품인 건가 싶었다.

안내문을 읽고서야 궁금함이 풀렸다. 발효를 위해 독 표면의 먼지를 일부러 닦지 않는다는 것이었다. 귀를 가까이 대면 뽀글뽀글 술이 익는 소리가 들리기도 한다고 했다. 그 안내문을 읽고 미로 같은 술독 사이를 다시 천천히 걸었다. 걷다가 먼지가 뽀얗게 쌓인 술독을 한동안 물끄러미 바라보기도 했다.

닦아내야 깨끗해지는 유리창의 먼지도 있지만, 오랜 시간을 두고 술을 익게 하는 술독의 먼지도 있다. 만난 지 오래되어 이제는 소원해진 친구들을 생각했다. 명절 안부와 경조사 인사로 남은 그들과의 사이는 멀어진 것이 아니라 그처럼 먼지가 쌓인 것일지도 모른다. 우리 사이에 쌓인 먼지는 어떤 것일까.

우리들 사이에 쌓인 그 먼지 밑에서 술이 익어 어느 날 향긋한 한잔으로 내놓을 수 있다면 좋겠다. 누군가의 볼을 발그레 물들이고, 어색한 순간은 전등을 켠 듯 밝아지고, 슬픔은 잠시 저만치 밀어둘 수 있는 술 한잔으로 말이다.

문득, 친구들에게 안부를 물어야겠다는 생각이 들었다.

"예전에 우리들이 보지 못했던 그 정원에 와 있어. 먼지 쌓인 술독에서 오래된 술이 익는 소리가 들려. 다음엔 함께 먼지 쌓인 술독 사이를 천천히 걸어보자."

가볍게 들려오는 키보드 소리에 귀를 기울이다

　나이가 들수록 관계에 대해 많은 생각을 하게 된다. 관계에 있어 신중함이라든지, 내려놓아야 하는 것들이라든지. 그 중심엔 다양한 사이가 존재한다. 어떤 사이, 그 사이 앞엔 이름을 붙이기 나름이다. 가장 가까운 사이, 사랑하는 사이, 친구 사이, 한번 본 사이, 가끔 보는 사이, 모르는 사이. 많은 이름으로 정의하고, 상처받기도 상처를 주기도 하면서 우리는 그 다양한 사이 속에서 함께 살아간다. 하물며 어깨를 부딪치고 지나간 누군가에게도 사이라는 이름이 존재하고, 그 관계들은 늘 우리에게 있어 양면적인 모습을 가지고 있다.

　그 속에서도 지켜야 할 것들은 당연히 존재한다. 개개인이 같을 수 없듯, 만들어진 사이에는 공통되지 않은 것들이 당연하고도 길게 즐비하다. 가까운 사이일수록 편안해지는 익숙함, 그런 익숙함에 속아 소중함을 잊고 살 때도 만연하다. 생각해보면 늘 그들을 향한 고민은 삶에서 빠지지 않았다. 물론 고민들이 매번 깊게 찔러오는 건 아니었지만, 아주 가끔 골머리를 앓게 만들기도 했다. 그때의 일도 아주 오랜만에 내게 찾아온 고민이었다.

친구와 함께 일을 시작한 때였다. 가장 친한 친구였고 성격 또한 잘 맞았기에 별 무리가 없을 거라 쉽게 생각했다. 그러던 어느 날 갑자기 친구에게 힘든 일이 생기고 말았다. 그 덕분인지 대부분의 일이 내게로 몰아졌고, 날이 가도 일은 줄지 않는 상황까지 벌어졌다. 결국 나 혼자서만 바쁘게 허덕였고, 그 사이로 들려온 이유에 핑계는 갖가지였다. 아프다는 이유, 애인이 생겨서 바쁘다는 이유, 떠난 여행이 정신없다는 이유 등 돌이켜 보면 이유는 다양하기도 참 다양했다.

지켜져야 할 것이 지켜지지 않는 모습에 그만 나는 심틴힘에 빠졌다. 융통성 없는 성격에 할 말을 제대로 하지 못하는 것도 흠이었고, 공과 사를 정확하게 구분 짓지 못하고 사는 점도 큰 문제였다. 나는 생각보다 모순적인 인간이었다. 가까운 사이일수록 편안하고 좋다고 이야기를 해놓고서도, 생긴 갈등에 쩔쩔매고. 혼자 끙끙 앓기만 하다 결국 어렵사리 용기를 냈다. 저기 말이야…. 지금까지 쌓인 일을 드디어 입 밖으로 꺼내 보지만, 온통 논점이 흐려진 말들뿐이었다. 똑 부러지게 해야 할 말조차 제대로 하지 못했으니, 당연히 문제가 해결될 리가 없었다.

조금씩 지쳤다. 다른 곳에 써야 할 신경이 온통 그곳에만 가 있었다. 그 동요에 다른 날까지 흔들리기 시작했고, 해야 하는 일을 제대로 하지 못했다. 제풀에 쌓이는 스트레스에 잠도 잘 들지 못하고, 하나에 신경을 쓰면 옴짝달싹 아무것도 못 하는 성격이 유난히 빛을 발했다. 생각해보면 나는 그 감정 하나하나에 너무나 많은 숨을 쓰며 살고 있었다. 적절하게 간격을 둘 줄 몰라 전혀 상관이 없는 평범한 날까지 범람시켜버린 거다.

점점 쌓이기 시작한 불만이 해결되지 않고 결국 그사이는 틀어져 버렸다. 친한 사이에서 남보다 못한 사이로. 한순간 손바닥 뒤집듯 사라졌다는 사이가 슬프긴 했지만, 앓던 큰 고민이 해결됐다는 일이 후련하기도 했다. 그 순간 정말 나는 모순적이구나, 하고 기운 빠진 웃음을 터트렸다. 아무리 가까운 사이에도 지켜야 할 것은 존재한다. 그게 지켜지지 않았던 덕분에 어떤 사이 하나가 틀어졌다. 사이가 뒤틀리고, 변화할 수 있는 시점은 언제나 다가오지만 제대로 대처하지 못한 나의 태도는 미간을 찌푸릴 정도로 한심했다.

그러다 어느새 다가온 다른 사이가 반갑게 인사를 하며 위로를 전한다. 지탱하던 사이 하나가 벌어져 틈이 생기고, 그 위에 또 다른 사이가 메꿔지고 덧대어지고. 발 디딜 곳이 사라진 내 앞에, 또 다른 자리가 생겨난다. 사라진 자리가 메꿔지며 또다시 섞이기 시작한다. 섣부른 걱정에 매일을 망치지 말기로 했다. 쉽게 바뀌지 못할 막연한 바람이지만, 불면 불어 가는 대로 오늘을, 내일을 지내기로 마음먹었다. 다만 내게도 행과 불행에 눈이 머는 때가 오면, 그래도 나는 절대 내가 해야 하는 일은 잊지 말자고 굳게 다짐을 하면서.

가볍게 들려오는 키보드 소리에 귀를 기울이다, 온기를 머금은 커피가 입안을 유영한다. 마스크를 낀 덕분에 맡지 못했던 향이 드디어 코끝을 감싸 안았다. 스크롤을 내리고 움츠려져 있던 어깨를 편다. 조금은 낯설지만, 따스한 사이. 그 속에서 나는 또다시 편안히 손가락을 움직이기 시작했다. 천천히, 어느 때보다 편안한 마음으로.

사이코패스

　정말 널 죽이고 싶었다. 아주 잠깐만이라도 법이라는 게 세상에 존재하지 않았으면 좋겠다고 생각했다. 그러면 영화 <퍼지>에서 등장하는 '퍼지 데이'가 내 식대로 발현되어 너를 온통 두들겨 팰 참이었다. 너에게 어떤 식으로든 응징해주고 싶었다. 너라는 놈이 어떻게 나에게 분노를 심어놨는지, 아마 너는 상상도 못 할 것이다. 네가 세상에서 가장 잔인한 방법으로 죽어가는 순간에 벌벌 떨며 용서를 구하는 장면을 상상했다. 그런 상상을 하면 어느 정도 기분은 좋아진다. 죽음이라는 공포, 그런 순간과 감정을 너는 알기는 할까? 네가 내 글에 등장할 줄은 몰랐다. 너는 그럴 가치도 없는 존재였다. 네가 내 마음을 찢어발긴 것보다 더 아픈 건, 너 따위의 세계가 나의 우주를 점령했다는 것이다. 그러니 이 분노를 응축해 너를 요리하는 상상을 멈추고 우리의 관계를 정리하는 선택을 했다. 다만 피를 내 손에 묻히지 않고 다른 이가 대신해주는 것으로.

-

안녕하세요, 고객님.

복수 대행업체 우주복수입니다.
저희 서비스를 찾아주셔서 감사드립니다.
접수된 대로 5월 24일에 복수가 진행될 예정입니다.

해당 복수에 대한 선입금을 지불해주셨기 때문에, 정상적으로 진행하도록 하겠습니다. 특별히 추가 옵션 사항을 기재해주셨는데, 그 방법대로 하시면 고객님의 신상이 공개될 우려가 있습니다.
게다가 대상자의 도주 및 보복의 우려가 있어 상담이 필요할 것 같습니다. 금일 오전 중에 전화를 드렸사오나 연결이 어려워 이렇게 메일을 보내드리오니, 확인하시는 대로 전화 부탁드립니다. 또한 영수증을 증빙하오니 서비스 이용에 차질이 없으시길 바랍니다.

-영수증-
우주복수 (0507-xxxx-xxxx)
사업자번호 : 189-00-xxxxx 강복수
[구매] 20xx년 3월 24일 00:03
-

상품명 : 복수 서비스 001호 (별도 서비스 포함 : 추가 옵션 참조)
단가 : 3,000,000원 (VAT 별도)
과세 품목 : 3,000,000원

부가세 : 300,000원

합계 : 3,300,000원

–

선결제 입금 내역 : 20xx년 3월 24일 00:04, (계좌번호 뒤 4자리 5xxx, 입금인 : 피의 복수)

입금인 메일 주소 : lovelov****@gmail.com

–

추가 옵션 사항 (500자 내로 자유 기재) :

그놈은 사이코패스라서 자기가 뭘 잘못했는지 모를 겁니다. 복수 서비스 001번을 실행해주신 후에 자기가 잘못한 사람들한테 용서를 빌 때까지 두들겨 패주세요. 특히 김xx한테 잘못한 걸 기억하라고 꼭꼭 말해주세요! 아마 만나면 단박에 눈치채실 겁니다. 진짜 사이코패스라니까요. 제가 얼마나 억울한지 몰라요. 아주 사회에서 매장당해야 그런 사이코패스들이 설치지를 못해요. 제가 그런 후안무치한 인간 밑에서 온갖 서러움을 다 당하면서 일하느라 건강이 다 망가졌어요. 그런게 어디 가서 기부왕이라고 인터넷 기사도 나고 기세등등해서는. 회사에서 사람들 앞에서 제 뒤통수를 갈긴 거, 회식 때마다 살 빼라면서 젓가락을 확 뺏어간 거, 담배도 못 피운다며 회의실에 데려가더니 문을 잠그고 한 시간 동안 줄담배 피운 거… 말로 다 못 해요. 어제는 제 핸드폰을 뺏어가더니 카톡 대화창 제일 위에 있는 제 여자친구의 프로필 사진을 누르더니, 못생겼다면서 한참을 낄낄대고 웃었어요. 오늘은 거래처 사람들이랑 점심때 감자탕을 먹었는데요. 그 거래처 사람들 앞에서 부모님이 너 같은 거 낳으셔서 무척 서운하셨겠다는 말도 했어요. 진짜 죽여버리고 싶어요. 근데 이거 비밀 보장되는 거 맞죠? 거짓말 아니죠? 저 고민 정말 많이 했거든요. 꼭 좀 죽여주세요. 진짜 사장님만 없으면 우리 회사 잘 돌아간다니까요.

우리가 반말할 사이는 아니잖아요?

 편집자가 제시한 '사이'라는 단어를 처음 들었을 때, 가장 먼저 본능적으로 생각한 사이는 사랑하는 사이였습니다. 여전히 전 외로움을 많이 느끼고 있다는 걸 절감했죠. 사랑 얘기를 써야 하나 싶었어요. 그런데, 이미 출간한 장편 연애소설에 이미 제가 생각하는 사랑에 대한 단상을 아낌없이 녹여내서인지 쓸 말이 더는 떠오르지 않았습니다. 어쩌면 당연한 건지도 모르겠습니다. 사랑에 대해서 쥐뿔도 모르는 제가 무슨 말을 또 할 수 있을까요. 이 글에서만큼은 사랑하는 사이는 과감하게 탈락시켰습니다.

 일주일 동안 썼다 지웠다 반복하면서 겨우 남겼던 몇 문장을 시원하게 지웠습니다. 시계를 보니 22시 19분. 파일을 열어 삭제키를 마구 눌렀지만, 일말의 아쉬움도 남지 않았어요. 속이 뻥 뚫리는 이런 기분을 오밤중에 갑자기 느낄 줄은 몰랐습니다. 종일 모니터 앞에 앉아 있던 날이 여럿이었지만, 좀처럼 떠오르지 않았던 글감이 방금 거짓말처럼 피어올랐기 때문이죠. 제게 영감을 주신 분들께 감사 인사를 전하고 싶습니다.

 글의 제목이 떠올랐습니다. '우리가 반말할 사이는 아니잖아요?' 우리나라는 존댓말과 반말이 혼재된 역동적인 언어습관으로 잘 알려져 있습니다. 이는 첨예한 논쟁을 야기하곤 합니다. 누군가는 친근함을 위해서라도 가까운 사이에서는 반말하는 게 나쁘지 않다고 말하고, 또 어떤 이는 가장 감정을 상하게 하기 쉬운 게 바로 반말이라고 말합니다. 전 반말의 순기능보다는 존댓말의 이점을 더 적극적으로 믿는 편입니다. 반말은 대체로 위계가 형성되었다고 자의적으로 해석하고 자신이 상대방보다 높다고 판단할 때 발생하는 경우가 많습니다. 그리고 무엇보다 대체로 상대방 동의 없이 반말을 하는 게 가장 큰 문제라고 할 수 있죠. 사실 이런 경우는 눈에 띄게 무례한 유형이라고 볼 수 있습니다. 쉽게 말해 꼰대 기질이 다분하기에 알아차리기 쉬운 편이죠. 적당히 거리를 두면 될 일입니다. 정신적인 피로도는 만만치 않지만 말이죠.

 그보다 더 까다로운 사람들은 존댓말과 반말을 교묘하게 섞어서 구사하는 부류라고 할 수 있습니다. 이들은 처음에는 존댓말로 일관하다가 어느 순간부터 반말을 섞습니다. 그러다 다시 또 존댓말로 돌아가곤 하죠. 이 과정을 계속 반복하는 게 눈에 띄는 특징 중 하나입니다. 저는 이들과 함께 있으면 뭔가 잘못되어 가는 것 같은 기분이 자주 들고는 합니다. 비슷한 부류가 되기 싫어서 끝까지 존댓말을 지키려고 노력하지만, 어느 순간 지는 느낌이 들고 맙니다. 사람이 살다 보면 질 수도 있겠지만, 이런 사람들에게는 지고 싶지 않은데 솔직히 말해서 이길 묘수가 없어요. 이런 부류의 사람들은 대체로 타이밍의 귀재이기 때문입니다. 제가 뭔가 정색하고 한마디를 하려고 마음먹으면 어느새 존댓말로 돌아가 있으니 말이죠. 살아오면서 말을 정확하게 하시라고 마음먹었던 적은 수십 번이었으나 단 한 번도 입 밖으로 내뱉지 못하고 속으로 삭여야만 했습니다.

이렇게 말하는 당신은 단 한 번도 적절하지 않은 상황에서 반말한 적이 없냐고 물어보신다면? 저는 솔직히 자신이 없다고 말하겠습니다. 저 역시 인간인지라 본의 아니게 비슷한 일을 저지른 적이 있을 테니까요. 그래서 더욱 의식적으로 조심하는 편이긴 합니다. 성인이 된 후 저보다 나이가 어리다고 해서 반말로 먼저 시작한 적은 거의 없습니다. 나이를 물어보고 자신보다 나이가 어린 게 드러날 경우, 저에게 대뜸 말을 놓는 행동이 너무 싫었으니까요. '내가 싫은 행동'을 하지 않는 것만으로도 우리는 예의를 지켜낼 수 있다고 믿습니다. 나이라는 단순한 지표 하나로 처음부터 반말할 사이는 존재하지 않는다고 생각합니다. 앞서 말했듯이 우리나라는 처음부터 존댓말, 반말이 존재하는 드문 나라죠. 그렇다면 기왕이면 존댓말을 기본으로 의사소통을 시작하는 것이 상대적으로 더 좋지 않을까요. 저는 그렇게 생각합니다. 누군가는 이 글을 읽고 한 번은 뜨끔할 수 있다고 봐요. 네, 그렇습니다. 굳이 말하자면 그런 의도에서 쓴 존댓말에 대한 짧은 글입니다.

그렇지만, 인간의 삶은 그렇게 단순하지 않아서 존댓말을 한다고 예의가 있고, 반말을 한다고 무조건 무례한 사람이 되는 건 아니라는 생각 역시 해보게 됩니다. 왜냐하면 존댓말로도 상대방을 모욕할 수도 있거든요. 저도 수없이 겪은 일이긴 합니다. 분명 상대방이 존댓말을 하고 있지만, 감정적으로 치명상을 입는 경우가 종종 있었네요. 되짚어보니 이런 경우는 아마도 무례함을 솔직함으로 착각하는 이들의 화법으로 비롯된 적이 많았던 거 같습니다. 상대방에 대한 비난, 경멸, 무시의 의도가 담겨 있다면 그건 존댓말로 해도 명백히 무례한 게 맞을 겁니다.

그렇다면 진짜 중요한 건 뭘까요. 그건 바로 상대방에 대한 존중이 있느냐 없느냐 차이가 아닐까 싶습니다. 할머니가 손녀에게 따뜻한 격려를 반말로 한다고 해서 할머니를 비난하지는 않잖아요. '우리가 반말할 사이는 아니잖아요?'라는 제목을 바꿔야 할 듯합니다. '우리는 서로를 존중해야 할 사이 아닌가요?' 라고요. 존댓말, 반말의 이분법적이고 단순한 판단을 넘어서 상대방을 향한 말 속에 진심 어린 존중을 먼저 담아내는 게 더 좋지 않을까요?

저는, 그렇게 믿어요.

- 사이
- **책장**
- 엽서
- 커피
- 오래된 물건
- 달
- 포옹
- -

책장

　책장은 집에서 사람을 가장 잘 들어내는 공간 중 하나입니다. 책을 좋아하는 사람이라면 좋아하는 주제, 좋아하는 작가의 책들이 자리 잡고 있겠죠. 책이 그곳에 자리 잡기 위해서는 수많은 사연 또한 존재할 거예요. 우연한 한 문장 때문에 구입하게 된 시집, 낙엽을 말리기 위해 꽂아두었다가 오래전에 존재를 잊어버린 책, 의미가 담긴 누군가의 선물. 책장에 담긴 이야기를 해주세요. 책 안에 있는 이야기보다 더 재미있는 책장의 이야기를 듣고 싶어요.

그들의 이야기를 기다린다

　책이 벽면을 모두 채운 서재에 대한 환상이 있었다. 학생이던 시절부터 사 모은 책들은 자꾸만 늘어서 키 큰 책꽂이 서너 개를 채우고도 모자랐다. 책이 하도 많아 마루가 내려앉았다는 장서가의 이야기가 부러운 무용담으로 들릴 만큼 책 욕심이 꽤 있었으니 말이다.

　그런데 나는 결혼을 하고, 아이 엄마가 되었던 90년대 중후반의 노래며 책을 잘 알지 못한다. 그 시절에 가장 노래를 듣지 않았고, 책을 거의 읽지 않았던 것이다. 책 한 권 사는 것보다 더 시급한 지출이 있었고, 책 한 권 읽을 마음의 여유는 부족했던 시기가 그때였다. 아니다. 그렇다고 생각했던 때가 그때였다.

더 이상 늦기 전에 하고 싶었던 일을 시작해보자는 마음으로 출판 강의를 들으러 다니고, 글쓰기 모임에 나갔다. 어느 수업에 가서 앉아도 내 또래는 드물었다. 유치원에 다니는 아이를 포함해 애를 셋 키우는 젊은 주부는 서울까지 강좌를 들으러 다니며 책을 엮었다고 했다. 출판 강의를 들으러 오는 토요일, 맡길 곳 없는 아이 손을 붙잡고 오는 이도 있었다.

그들을 보며 생각했다. 바빠서라는 것은 핑계였는지도 모른다고 말이다. 한 발자국 뗄 용기와 고개를 들어 좀 더 멀리 바라볼 마음의 여유가 모자랐던 것 아닐까.

책은 집에 여전히 쌓여있었다. 일 년 이상 찾지 않고, 쓰지 않는 물건은 바로 버리거나 정리하는 내게, 책이란 그런 것이었다. 오랜 시간 다시 펼쳐보는 일이 거의 없어도 선뜻 버릴 수는 없는 것 말이다.

부모님이 돌아가신 후 두 분이 사시던 집을 모두 비워야 했으므로 모든 것들을 정리했다. 매일 치우고 버렸다. 도저히 버릴 수 없는 것들은 더러 집으로 가지고 오기도 했다. 버려진 것들이 부모님께 소중하지 않았을 리가 없으나, 주인을 잃은 물건은 그저 버려졌다.

그것들을 물끄러미 보았다. 내게 소중한 것들 역시 나에게만 소중한 것이다. 결국 나 역시 오래도록 가지고 있던 묵은 책들을 정리했다. 키 큰 책꽂이 서너 개를 채우는 책들은 모두 기증하거나 나눠주었고, 그마저도 불가능한 것들은 내놓았다. 하나도 버릴 수 없는 것이 책이라고 생각했지만, 모두 정리하고 나니 남겨진 것은 몇 권 되지 않았다.

여러 해가 지났다. 그 이후에 나는 전보다 훨씬 더 많은 책을 읽는다. 도서관에서 빌려보기도 하고, 종종 가는 서점에서 사기도 한다. 한 달이면 이십 권이 넘는 책을 읽지만, 서재에 책은 거의 쌓이지 않는다. 도서관에서 빌려온 책은 돌려주며, 구입한 책은 읽고 나서 주변에 모두 나누어 준다. 이제 서재의 책이라곤 간혹 내 글이 실린 단행본이거나, 저자 친필 사인을 받은 책 몇 권뿐이다. 그러니 굳이 책장이 따로 필요하지도 않다.

책의 순환에 대해서 생각했다. 책장에 꽂힌 책들은 돼지 저금통 속의 동전과도 같다. 돼지저금통을 부수고 나온 한 무더기의 동전들은 지폐로 바뀌거나, 통장의 숫자로 찍히며 비로소 쓰임새를 갖는다. 그 이전까지는 그저 돼지저금통일 뿐이었는데 말이다.

내가 서재의 책장에 꽂아두었던 책들 역시 오랜 세월 그 자리에서 그저 나를 바라만 보았을 것이다. 이제 그들이, 내가 그랬듯 또 다른 누군가의 손에 쥐어진 채 함께 두근대는 밤을 보내는 것을 상상해본다. 책장에 꽂혀 장식으로 존재하는 책이 아닌, 그들의 마음속으로 들어가는 글로 존재하는 시간을 꿈꾸어보는 것이다.

오늘 내가 도서관, 혹은 서점의 책장에서 뽑아온 책들을 본다. 이들이 어딘가 다른 곳에서, 다른 누군가와 함께하는 시간을 상상하는 일은 즐겁다. 내가 읽은 그 많은 책이 한곳에 머무르지 않고,

끊임없이 많은 이곳저곳의 책장에 옮겨 다니길 바란다. 머무르지 않는 바람같이 그들이 자유로웠으면 한다. 그리하여 언젠가 내 손을 떠난 책을 다시 만난다면, 그들이 나에게 해줄 이야기가 아주 많았으면 좋겠다.

천장에 닿을 만한 책장을 갖고 싶어

신혼집은 서울 난곡동 작은 빌라 2층이었다. 현관에서 신발을 벗고 두세 걸음 들어가면 바로 안방이 보인다. 안방으로 들어가는 쪽에 주방이 있는데 냉장고를 두면 식탁이 놓을 자리가 마땅치가 않은 구조다. 마음에 쏙 드는 집을 갖게 되는 신혼부부가 몇이나 될까. 딱히 마음에 들진 않았지만 적당한 가격에 전셋집을 마련했다는 것에 감사했다. 어쨌든 중대한 거사를 치렀고, 앞으로 완전히 다른 형태의 삶을 살게 될 거라는 기대감이 그 어떤 것보다도 컸다. 우리가 직접 인테리어를 하고 나니 애착이 생기긴 했다. 모든 것이 정리될 즈음 나는 욕심이 생겼다.

"신혼집을 열렬히 사랑해보고 싶다."

뭐 그런 것과 같다. 어떤 것에 전혀 관심이 없다가도 나의 취향에 조금 맞닿아 있으면 금세 좋아지게 되는 것. 그것이 바로 책장이었다. 벽 한쪽 전면에 책장을 두어야 했다. 책장이 놓이면 이 집을 열렬히 사랑할 수 있을 것만 같았다. 참 신기하게도 그렇게 좁은 집에도 안방으로 들어가는 벽면에 책장을 놓을 수도 있겠다는 생각을 했다. 나는 과감한 시도를 해야 했다. 만일 그 짧은 복도에 책장 3개를 놓으면 분명히 집은 더 좁아질 것이 분명했다.

이 집을 사랑하겠다고 마음을 먹고 나니 상황은 중요하지 않았다. 며칠간 천장에 닿을 만한 책장 4개를 봤다. 나뭇결무늬가 있는 화이트톤이었다. 책장 4개를 사서 넣고 싶었지만, 벽면 크기와 맞지 않아 일단 3개를 샀다. 내가 고른 책장이 나의 신혼집에 배치되는 순간 신기하게도 이 집을 사랑할 수 있게 됐다. 외출하고 현관문을 열면 바로 책장이 보인다. 비로소 온 마음을 줄 수 있는 집이 되었다.

세 번째 집. 방 3개짜리 내 집 마련에 성공했다. 성공하려면 포기할 것이 있다고 했던가? 집 하나를 마련하기 위해 많은 꿈을 포기해야 했다. 배우고 싶은 것, 하고 싶은 것, 더 나아가 돕고 싶은 마음까지. 많은 것을 포기해야 했다. 그래도 그 시간을 버티게 한 건 책장이었다. 화이트 톤의 새집에 고급스러운 원목으로 만들어진 책장을 넣겠다는 꿈. 그곳에서 마음껏 책을 읽고, 글을 쓰고 싶다는 꿈. 요즘 지어진 아파트는 방이 좁게 설계되나 보다. 4개짜리 책장은 들어갈 수 없었지만, 책장 3개를 넣고, 넉넉하게 긴 책상을 두었다. 나름 만족스러웠다. 시간이 얼마 지나지 않아 조금씩 나의 책장에 문제가 발생했다. '나의 책장'에 아이들의 책이 점점 채워지고 있었다. 책장이 한 개 더 필요했다. 방 두 개짜리 살았을 때도 과감하게 큰 책장을 넣었는데, 점점 늘어나는 아이들의 책과 장난감은 나를 결단하지 못하게 했다.

'그래, 집은 먹고, 자고, 티비보고, 그러면 됐지.'
'책은 도서관에서 빌려보면 되지 뭐.'
그렇게 스스로 다독였다.

이곳에서 5년을 살았다. 내 집에 살고 있었지만 내 책장이 없이 살았다. 책장이 없다는 말은 내가 산 책을 놓을 곳이 없다는 것을 의미했다. 자연스럽게 내 것을 가질 필요가 없다는 것으로 이어졌다. 한두 개씩 내 것을 포기를 하다보니 삶에 대한 애착마다 사그라들었다. 무기력증은 그렇게 스며들었다. 다시 내 것을 찾아야 할 때가 왔다. '내 것'을 가져봤던 사람은 다시 '내 것'을 갖길 원한다. 절대로 포기하는 법이 없는 것이다. 갖지 못했던 그 시간은 오로지 '갖겠다는 의지'를 만들어 낸 시간이었다. 간절히 원하면 갖는다는 말을 나는 믿는 편이다. 능력이 없는 사람은 간절히 원하는 것밖에 할 수 없기 때문이다. 천장이 닿을 만한 책장 4개를 갖겠다는 것. 이제는 나의 서재에 천장에 닿을 만한 책장 4개를 넣어야 했다.

네 번째 집. 방 4개가 있는 집이다. 가장 넓은 방에 천장에 닿을 만한 책장 4개를 넣고, 긴 책상을 두었다. 창고에 먼지 채 엉켜있던 책들을 잘 닦아서 책장에 꽂았다. 아직도 새로운 책을 넣을 수 있는 공간이 남아있었다. 앞으로 내 인생에도 채울 것이 많다는 생각이 나를 설레게 했다.

어떻게 살고 있나

　3만 원짜리 책장에서 5만 5천 원짜리 전공 서적과 8천 원짜리 시집을 꺼내 들었다. 책장보다 비싼 전공 서적은 내 뇌를 진동시켰고 책장보다 싼 시집은 내 가슴을 울렸다. 책장에는 언제 샀는지도 모를 책, 남 따라서 산 책, 유명하다고 해서 산 책, 충동구매로 산 책, 선물 받은 책, 원래 있었던 책, 친구 집에서 딸려 온 책들이 즐비하다. 저걸 언제 다 읽나 싶다. 먹고 살기 위해 선택할 수밖에 없는 책들은 너덜너덜하고 가슴을 울릴 책들은 언젠가라는 말과 함께 먼지만 쌓인다.

　문화체육관광부가 조사한 〈독서 인구 실태 조사〉에서 독서 인구가 계속 감소하고 있다는 결과를 참고하지 않더라도 나부터 점점 책을 읽는 게 어렵다. 읽지 못하는 이유는 나온 책의 권수만큼

많다. 그래서인지, 내 눈에는 뭐라도, 특히 책 읽는 사람들은 더 똑똑해 보이고 멋있어 보이기도 한다. 자꾸 쓰고 싶어 하는 내게 읽는 일은 살기 위해 해야만 하는 일인데, 책도 다이어트하듯 소식(小食)을 하게 된다. 글 쓰는 자에게 그런 소식(小食)은 자해나 자살 행위와 다를 바 없다.

살고 싶어서 어느 날부터 글을 썼다. 조금은 숨통이 트이긴 했지만, 숨만 쉬며 생명 연장을 하는 게 목표는 아니다. 좋은 공기를 마시며 머릿속을 알차게 디자인하려면 느리더라도 노력해봐야 한다고 생각했다. 그래야 살맛 나는 글도 써질 것 같았기 때문이다.

나는 책을 읽는 속도가 매우 느리다. 뭔가 하려면 잡생각이 너무 많이 들어 도무지 집중하기가 힘들기 때문이다. 그래서 하루에 한 페이지라는 최소 단위의 목표를 세우기 시작했다. 보통은 매월 1일부터 시작하면서 의미를 붙이는 것을 좋아했지만, 차일피일 미루다 보면 내년 1월 1일이나 되어야 할 것 같았다. 마음먹은 김에 바로 지금부터 시작하자 싶어서 12월 어느 날부터 독서를 시작했다.

책장 속에 꽂힌 많은 책 중에 뭘 골라야 할지부터가 난감했다. 결정 장애자의 비극이다. 눈 감고 일렬로 세워놓은 책들을 손끝으로 드르륵 긁었다가 멈췄다. 그리고는 그게 무엇이든 일단 읽자 싶었다. 다행히 얇은 두께의 책이었다. 이후로 나는 나아갔고, 4개월이 흐른 이 시점에서 스무 권이 넘는 책을 읽게 되었다. 쉽게 써진 글은 없기 때문에 나는 고른 책은 꽤 정성스럽게 읽어나갔다. 첫 책은 좀 우스꽝스럽게 선택했지만 두 번째 책은 마음에 맡겼다. 책장을 약 30초 정도 한참 들여다보았다. 어떤 이유로 저 책을 샀지? 하며 생각하다가 그 당시의 마음이 오늘의 마음과 맞닿으면 선택했다. 여태껏 어떤 이유로 읽은 책들은 내 의식의 흐름이 어떻게 흐르고 있고, 내가 어떻게 살아가고 싶은지를 반영하는 것 같다.

그중의 한 권.
김태광, 『마흔, 당신의 책을 써라』(글로세움, 2012)

마흔이 되기 전에 이 책을 얻었다. 동네 아파트 도서관에서 사서로 자원봉사를 한 적이 있었는데 당시 기증 받은 책 중에 이 책이 눈에 띄어 만지작거리고 있었다. 그랬더니 동네 반장님께서 '사서님 책 좋아하시나 보네. 그냥 그 책 가지세요. 잘 어울려요.'라며 내 가방에 쓰윽 넣어주셨다. 이후 책을 쓰는 일은 그저 꿈일 뿐일 거라 생각했고 먹고 사는게 더 급급했기에 이 책은 들여다볼 생각을 못 했다. 아니, 실은 용기가 없었다.

글을 조금씩 쓰고 있는 지금에도 이런 책들은 부담스러워서 보기가 힘들었다. 자기검열에 능숙한 나는 이런 책을 보면서 계속 틀리고 부족한 점만 보며 자괴감이나 열등감의 늪으로 빠질 게 뻔하기 때문이었다. 하지만 외면할수록 마음의 짐은 커져만 간다는 것 또한 알고 있다. 쉽게 얻은 책이고 다시 기증해도 무방했지만 그러지 않은 이유가 분명 있을 것이다.

인스타그램에 글 계정을 하나 더 만들었다. 내가 경험했던 일이나 들었던 이야기를 토대로 주변 인물들을 묘사하며 글을 썼다. 문제는 글에 대한 확신도 없고 글의 완성도도 낮은 그런 글은 혼자서만 보고 다듬어야 했는데, 어느 날 글 속의 모티브가 된 사람에게 혹시 내가 쓴 글이 맞냐는 확인 문자를 받았다. 글을 쓴다는 이야기를 지인들에게는 한 적은 없어 무슨 소리냐고 딱 잡아뗄까 하다가 사실대로 이야기했다. 아무래도 로맨스 소설이다 보니 첫 시작의 글 내용은 충분히 오해를 할 만하게 썼던 것 같다. 나는 서둘러 내 글을 다 삭제했고 단지 소설 속의 이야기일 뿐이라고, 그럼에도 글로 인해 오해를 불러일으킬 수도 있었음을 사과했다. 하지만 나 역시도 당황스러웠다. 당시 인스타그램 사용법에 익숙하지 않았던 난, 몰래 나를 훔쳐보고 있었단 생각에 기분이 나빴다. 연락처 액세스 허용 등을 통해 내 계정을 알게 된 것이었을 텐데, 그 이후로는 더는 그 사람과 마주할 수 없었다. 단 두 개의 게시글이 불러온 대참사였다. 창피함이 가장 컸다. 내 생의 몇 안 되는 흑역사 중에도 베스트 안에 들었다. 나 스스로 실망했고 그에 대해 더 말이 없는 상대에게는 미안함과 알 수 없는 분노도 동시에 생겼다. 나는 그 사람과는 더는 마주할 일을 만들지 않았다. 다행인지 뭔지 모를 일이지만, 상대도 더 이상 나를 신경 쓰는 것 같지 않았다.

　뼈아픈 경험을 한 이후로는 글쓰기가 무서워졌던 것 같다. 나 따위가 어딜. 그렇지만 어디 쉽게 포기가 되나. 수많은 자책과 좌절을 하면서도 또 글을 시작했다. 글 계정을 매우 조심스럽게 운영했다. 때로는 내 덫에 걸려 나는 글을 쓰는 것이 잘못하는 일처럼 느껴졌다. 이처럼 수없이 양가감정을 느끼면서도 또 다른 도전을 꿈꾸며 지금도 계속 쓰고 있다.

 이 책을 읽으며 어떻게 해야 글을 잘 쓰고 타인이 읽기에 좋은 글을 쓸 수 있는지, 내 멋에 심취한 글에서 설득력 있는 글을 쓸 수 있는지 이제라도 배우게 되었다. 여태껏 글쓰기를 위한 책을 외면했던 나를 반성하는 계기도 되었다.

 작년 12월 어느 날부터 지금까지 읽은 도서 목록을 살펴봤다. 그리 일관성이 보이는 것 같진 않다. 무거울 땐 가볍게, 고통스러울 땐 위로를, 배우고 싶을 땐 지식을 채우는 것으로 내 옆을 채웠다. 책을 선택하는 기준이 꼭 삶의 목표와 일치할 필요는 없는 것 같다. 내가 믿는 신께 원하는 것을 주세요라고 기도할 때 가장 가까이에서 답을 찾도록 만들어낸 것이 바로 책이 아닐까. 고로 삶의 성지는 책장일지도.

- 사이
- 책장
- **엽서**
- 커피
- 오래된 물건
- 달
- 포옹
- -

엽서

　언제든 떠날 수 있던 우리는 언제 떠날지 모르는 지금을 살고 있습니다. 두둥실 떠오르는 비행기의 느낌과 괜히 긴장되는 입국 심사대, 간이 맞지 않아 못 먹은 음식, 말을 잇지 못하게 하는 풍경. 그리고 그 순간을 같이 해주었던 사람들. 당신의 기억은 봄을 기다리는 씨앗처럼 곁을 잘 지켜주고 있나요? 엽서 사진에 담긴 당신의 여행 이야기를 들려주세요. 아니면 그때 적지 못한 감정을 엽서 뒷면에 눌러담 듯이 한 글자씩 써주세요. 언젠가 우편함에 담길 수 있게 말이에요.

봄은 엽서의 계절

 어린 나를 생각한다. 어릴 적 눈에 담아두었던 파란 하늘과 끝이 보이지 않는 바다를 생각한다. 학과 강의실에서 전쟁과 전략을 공부하고 있었다. 졸음을 겨우 참으며 눈만 깜빡이고 있는데 교수님께서 우리가 등진 창문을 바라보시며 말씀하셨다.

 "어? 쟤들 또 왔네?"

 우리는 약속이라도 한 듯이 고개를 돌려 창밖을 봤다. 어린아이들이 선생님 뒤를 따라 손을 잡고 걷고 있었다. 분홍색 원복을 입고 밝게 웃는 아이들 모습에 미소가 절로 지어졌다. 군사학과 생도인 우리가 뜀뛰기를 하거나 단체로 이동하기 위해 2열 종대로 모였을 때처럼 줄을 맞춰 나란히 걷는데, 우리와 사뭇 다른 느낌이었다. 아이들은 그 자체로 아름다웠다. 호기심 가득한 눈빛으로 작은 것 하나하나 관심을 가지는데 그 모습이 마치 순백의 바탕에 이제 막 그림을 그리기 시작해 색과 형체를 그려 넣으려 상상 속을 유영하는 것 같았다. 아이들이 시야에서 사라지자 고개를 돌려 수업을 듣는 척하면서 다시 아이들을 생각했다. 그러다 문득 그날이 떠오른 것이다.

때는 2013년의 봄이다. 처음으로 가족여행을 갔다. 부모님의 퇴근을 기다리느라 날이 어두워지고 나서야 속초에 도착했다. 다락방이 있는 펜션에 들어서자마자 마치 만화주인공이 된 것 같은 기분이 들었었다.

"내가 먼저 올라갈 거야!"

우리는 경쟁하며 계단을 올랐다. 난간을 붙잡고 앉아서 발을 밖으로 쭉 빼내어 흔들며 서로를 보고 웃었다. 아빠는 정신없이 짐을 옮기고 엄마는 밝게 웃으며 우리를 카메라에 담았다. 그야말로 최고의 순간이었다. 첫 여행은 잊을 수 없다는데 그 말을 증명이라도 하듯이 여행이라는 단어를 보면 이날이 떠오른다. 우리는 시장에 들러서 유명하다는 닭강정을 사고 지팡이 아이스크림을 하나씩 들고는 사진을 찍었다. 다음날에는 해가 질 때쯤 유람선에 올라서 갈매기에게 새우깡을 주기도 했다. 손을 꼭 잡은 엄마와 아빠의 모습을 아직도 잊을 수 없다. 그 안정감과 행복감을 어떻게 잊을 수 있을까. 사진 속 나에게 평범한 일상을 마음껏 누리고 사랑하라는 말을 해주고 싶다. 오늘처럼 여행의 순간이 떠오르는 날이면 주저하지 않고 그때를 여행한다. 잊을까 봐 두려운 소중한 순간들, 잃을까 봐 걱정되는 낭만과 동심을 이렇게라도 겨우 지켜낸다. 모든 추억은 엽서의 양면처럼 하나의 장면 뒤 흰 공간에 감정이 남는다. 지워지지 않는 펜으로 적은 것처럼 짙게 남는다.

나는 꼭 이맘때 그 많은 엽서를 하나, 둘 꺼내기 시작한다. 이유는 잘 모르나 신기하게 봄이 오면 자연스럽게 행복했던 어린 날이 떠오른다. 추억들이 존재를 드러내며 부드럽게 울렁인다. 봄기운은 흔들리는 나를 붙잡고 어린 시절의 가장 행복했던 순간으로 데리고 간다. 가을과 겨울을 견디며 감정이 마르고 차게 식어서 잊고 잃을 뻔했던 것을 다시 느낄 수 있게끔 돕는다. 무척 고마운 일이다. 햇살이 수면에 닿아 생긴 바다의 별, 햇볕이 천천히 모습을 감추고 나면 붉게 노을이 지는데 그때의 바다와 하늘의 색을 어떻게 잊을 수 있을까. 그림 같은 아름다움 안에서 어린 나의 손을 감싼 부모 손의 감촉을 어떻게 잊을 수 있을까. 이제 우리는 없지만, 엽서에는 그 장면이 그대로 남아있다. 너무 당연하다는 생각에 그동안 소중히 여기지 않았던 것들. 사실 내 것이 아니었던 것들. 그 영원하지 않은 것들을 모두 잃은 뒤에야 애타는 마음으로 갈구하기 시작한다. 오늘의 나는 여전히 욕심 가득한 못난 얼굴로 바쁘게 살아간다. 무엇이 진짜 지켜내야 하는 소중한 것인지 제대로 알지 못한 채로. 내일의 나에게, 남겨진 우리 가족에게 차마 보내지 못한 엽서를 보낸다. 더 이상 후회하는 일이 없도록 평범한 일상을 마음껏 누리고 사랑하기로 한다. 채워지지 않는 아빠의 자리를 천천히 채워나가고자 한다. 학교가 끝나고 엄마에게 전화했다.

"엄마, 우리 여행 가자. 새로운 엽서를 만들자."

빨간 펜 당신

 누군가에게 엽서를 받아본 적이 있나요? 행운의 편지와 같이 짓궂은 장난 말고요. 다정함과 따뜻함이 스며 들어 있는 그런 엽서 말이에요. 저는 그런 엽서를 받아본 적이 없어요. 아쉽게도요. 대신 제가 받고 싶은 것만큼 사랑을 잔뜩 불어 넣어서 엽서를 쓴 적은 많아요. 가족에게는 꽤 수줍기 때문에 쓰지 않았고요. 친구나 여자친구에게나, 선생님에게나 이런 지인분들에게 많이 쓰긴 했지요.

 저는 취미가 있어요. 조금은 고리타분한 취미인데요. 예쁜 사진을 모아서 엽서로 만드는 일이에요. 사람들은 그게 뭐가 취미냐고 하긴 하는데요. 지루한 시간을 죽이는 행동이 취미라면, 이런 것도 취미라고 할 수 있지요. 때때로 길을 걷다가 엽서로 만들 거리를 몰래 사진 찍어두고 있어요. 그래요. 예쁜 사진이란 건, 제 주변을 이루고 있는 여러 가지 일들이랍니다. 하얀 강아지와 뒤뚱뒤뚱 산책 중인 할아버지의 뒷모습이라든지, 엄마를 올려다보며 활짝 웃는 아가라든지, 햇볕 속에서 서로의 등을 핥아주는 길고양이라든지. 그런 것들을 보고 있노라면 한껏 행복해지는 게 바로 사람 마음이거든요. 제가 느낀 행복을 사람들에게도 전하고 싶은 마음에 사진들을 엽서로 만들었어요. 솔직히 말하자면 필름을 현상한 사진의 뒷면에 간단히 뭐라 뭐라 쓰는 게 엽서의 전부예요. 행복의 순간에 무슨 말이 더 필요하겠어요? 메시지는 짧고 간결할수록 좋다. 엽서 제작자의 지론이죠.

그래서 이렇게 처음으로 답장이 온 것에 대해 무척이나 기쁘고, 감사했답니다. 누군가의 마음에 가닿는 기분이란 이런 것이군요! 당신의 넉넉한 마음씨에 아주 놀랐습니다. 감사의 마음을 무엇이라 표현해야 할까요? 저는 수식하는 것을 썩 잘하는 편이 아니라, 이런 순간이 영 서툴기만 합니다. 여튼, 감사합니다. 처음이에요.

제가 보내드렸던 사진 뒷면에 이렇게 써놓으셨더라고요.
"보내지 마시오."
단호한 외침에 매우 놀랐습니다. 사진이 인화된 면으로 돌려 보았더니, 한가운데에 빨간 글씨로 '주소 잘못'이라는 네 글자를 쓰셨더라고요. 사진의 예술성과 담겨있는 진심을 생각하자면은 아쉬운 처사이긴 합니다만, 그럼에도 꽤 정중한 거절이었던 것 같았습니다. 당신의 호쾌한 인품을 충분히 느낄 수 있었던 순간이었습니다.

'주소 잘못'과 '보내지 마시오'라는 말은, 원래 보내졌어야 할 그분의 내밀함을 잘 읽어낼 수 있었습니다. 아, 우리의 관계는 그가 먼저 정리한 것이구나 하고요. 세상에 영원한 관계는 없다지만, 세상을 이루어가는 관계란 건 있잖아요. 우리의 관계는 거기까지 이르지는 못하나 봅니다. 오해는 없길 바랍니다. 보내지 말라는 당신의 단호함과의 관계성을 이야기한 건 아니었어요. 본래 엽서의 주인, 그러니까 잘못된 수취인에 대한 말이었어요. 좋아요. 넓두리로 받아들여도 상관없지요.

아무튼간에 빨간 펜 당신. 잠깐의 만남이었지만 반가웠어요. 독특한 파란 펜도 아니고 흔해 빠진 검정 펜도 아닌, 빨간펜이라니요. 아마 첫 답장이자, 강렬한 색깔로서 당신을 기억할게요. 언제나 다정하세요.

원본의 엽서

안녕하세요. 아빠라고 불러도 괜찮을까요? 우리는 가족이잖아요. 그렇죠? 지금까지 많은 사람들에게 편지를 써왔지만, 이번처럼 떨리는 날도 더 없을 것 같아요. 잘 지내시죠? 엄마랑 저도 잘 지내고 있어요. 외할머니도 그렇고요.

저는 어제 17살이 되었어요. 아빠를 마지막으로 봤을 때가 초등학교 2학년 때였는데, 그때부터 지금까지 계속해서 엽서 보내는 일을 해왔던 것 같아요. 보고 싶다는 말은 엄청나게 많이 해왔던 것 같은데. 이번에는 생일 축하를 받고 싶어서요.

조금 있으면 이제 병원에 입원하게 되거든요. 아빠, 제가 잘 넘어지고 그랬다고 했잖아요. 그게 사실은 병이 있는 거래요. 엄마랑 외할머니가 말씀을 안 해주셔서 무슨 병인지는 모르겠어요. 근데 좀 심각한가 봐요. 평소보다 더 많이 우시는 것 같았거든요. 나는 하나도 슬프지 않았어요. 이렇게 건강해서 글을 쓸 정도인걸요. 의사쌤이랑 몇 달, 어쩌구 얘기하는 게 들리긴 했는데 그래도 슬프진 않아요. 헤헤. 입원하더라도 엽서 계속 보내드릴게요.

엄마는 요즘 자주 울어요. 외할머니는 왜 그러게 나를 아빠한테 보내지 않았느냐고 화를 내며 울었어요. 어렸을 때는 병원에 갔다 올 때마다 둘이서 싸우는 걸 봤는데, 요즘은 그냥 대놓고 싸워요. 뭔 일이 없어도요. 그래도 슬프진 않아요. 아빠는 울거나 화를 내진 않으시잖아요.

가끔은…. 아빠한테서 답장이 왔으면 하고 바랄 때가 있어요. 우편함에 청구서만 잔뜩 꽂혀있는 걸 보면 좀 슬프잖아요? 저는 아빠가 우릴 떠났다고 생각 안 해요. 이렇게 주소도 다 아는 걸요 뭐. 제가 보낸 엽서들 잘 보셨죠? 며칠 전에 보내드린 길냥이들 사진들 보셨나요? 너무 귀엽죠? 고양이들 얼굴에 글씨 자국이 날까봐 조심조심 편지를 쓰느라 혼났다구요. 이번에는 강아지들의 사진을 엽서로 보내드려요. 강아지들을 만나서 보드라운 등을 쓸어대면 따뜻한 오뎅 봉지를 만지는 기분이 들어요. 부드럽고 따스해서 기분이 좋아지죠.

어제는 제 생일이었는데 머리를 깎았어요. 이제 곧 입원해야 한다면서요. 아마 오늘 오후쯤에라야 입원할 것 같아요. 지금은 아직 집인데 병원 들어가기 전에 편지를 써요. 입원하면 그때 가서 또 보내드릴게요. 이번엔 병원 안에서만 사진을 찍을 거라서 좀 구릴 수도 있어요. 그래도 감성 사진으로 찍어볼게요.

건강하세요.

여행의 엽서

언니가 보내온 엽서엔 바티칸의 베드로 광장이 담겨있었다. 바티칸 우체국의 소인이 찍힌 엽서를 보내주고 싶어 그 사진이 담긴 엽서를 골라 내게 보낸 것이었다. 내가 가보지 못한 유럽, 그중에서도 바티칸의 열쇠 모양 광장을 거니는 언니와 엄마를 상상했다.

언니가 보낸 엽서를 여러 번 보았다. 책이며 잡지에서 튀어나온 것이 아니었다. 진짜 유럽, 그리고도 바티칸에서 그곳의 소인을 찍어 내게로 날아온 것이었으니 말이다.

언니와 유럽을 여행하고 돌아온 엄마와 별 차이 없이 바티칸 광장이 담긴 엽서는 집에 도착했다. 집에 돌아온 언니와 엄마의 카메라에서 유럽의 많은 풍경이 쏟아졌다. 파리, 로마, 런던, 스위스…. 언니와 엄마가 등장하는 사진에서 실재하는 유럽이 느껴졌다. 그 이후로도 오랫동안, 가본 적 없지만 늘 가보고 싶은 외국의 멋진 풍경들은 그렇게 한 컷 사진으로만 머물러 있었다.

나는 언니보다 먼저 결혼했다. 아이가 어렸고, 시간은 손에서 모래가 빠져나가는 것같이 늘 바쁘기만 했다. 비록 지금처럼 해외여행이 보편화된 시절이 아니기도 했지만, 여행보다는 분양받은 아파트 중도금 한번 넣는 것이 더 시급하던 젊은 날이기도 했다. 아이가 대학에 갔고, 더 이상 분양중도금의 압박이 없는 나이가 되자 여행을 다니기 시작했다. 나의 여행의 목적은, '확인하기'였다. 교과서에, 혹은 잡지에 실렸던 유명한 유적지며 장소를 내 눈으로 보고 싶다는 것이 내 여행의 이유였다. 물론 사는 일은 여전히 바빴다. 비수기의 저렴한 항공권과는 거리가 멀었다. 극성수기에, 그나마 싼 항공권을 찾기 위해 부지런히 발품을 팔았다.

가는 곳마다 엄마에게 이메일로 사진을 전송했다. 예전에 언니에게 바티칸 우체국의 소인이 찍힌 엽서를 받던 날을 생각하며 말이다. 여전히 스마트폰을 쓰지 않는 엄마였지만, 이메일을 열어 내가 보낸 사진을 보고 나에게 문자를 보내시곤 했다. 이쯤에 우리 딸이 있겠군. 그곳은 나도 예전에 너희 언니랑 갔던 곳이야. 이런 내용의 이메일 답장을 받기도 했다.

몇 해 전 드디어 꿈꾸던 로마에 갔다. 오래전 언니에게 받았던 바티칸 우체국의 소인이 찍힌 엽서를 생각했다. 바티칸에 가기 전날 심한 복통에 시달렸다. 여행을 다니면서도 상비약을 꺼내 볼 일

없던 나였는데 소화제를 비롯한 온갖 약은 다 꺼내 먹어가며 버텼다. 잠을 제대로 못 이루고 뒤척이다 새벽 여섯 시, 호텔 앞의 성당에서 종소리가 울리는 것을 들었다.

아침에 좀 나아진 컨디션으로 바티칸에 갔다. 언니가 보내준 열쇠 모양 광장을 보기 위해선 큐폴라에 올라가야 했다. 간간이 쥐어짜는 듯한 복통이 남아있었으나 성 베드로 대성당을 보고, 기어이 큐폴라 정상에까지 올라가 열쇠 모양의 베드로 광장을 내려다보았다. 엽서에서 보았던 그 광경이 내 눈앞에 펼쳐져 있었다. 사람 하나가 겨우 지나갈 듯한 좁은 큐폴라 계단을 올라가야 전체가 보이는 그 광장의 풍경은, 그대로 거대한 한 장의 엽서였다.

엽서 사진으로 오래 나에게 남아있던 그 성 베드로 광장을 보고 돌아오니 봄이 시작되었다. 팔순을 넘긴 아빠의 치매가 심해졌고, 엄마는 갑자기 수술하고 입원을 했다. 함께 일 년을 아프셨고, 그다음 해 봄에는 이십여 일을 사이에 두고 두 분 모두 돌아올 수 없는 먼 길을 갔다. 바티칸에서도 나를 괴롭혔던 복통의 원인은 위경련이 아닌 담석증이었다. 부모님이 떠나시고 그해에 나는 입원을 하고 수술을 받았다.

모든 것이 한꺼번에 몰려오는 듯했던 그 시기가 지나고 나는 다시 여행을 다녔다. 내가 교과서에서, 책에서, 혹은 언니가 보내주었던 그 엽서 한 장처럼 오래 남은 풍경을 내 눈으로 보았다. 전과 다른 것이 있다면, 이제 더 많은 것을 보려고 애쓰지는 않는다는 것이다.

잊고 살지만, 삶은 유한하다. 여러 가지 일을 겪은 시기를 보내고 나자 이제는 전과는 다른 생각을 한다. 손에 쥘 수 있는 것은 정해져 있고, 그나마도 모래알처럼 빠져나간다. 나는 욕심을 덜어내고, 마음의 여유를 선택했다.

  팬데믹이 닥치며 잠시 여행을 멈추었다. 하지만 꼭 비행기를 타고 가야만 여행은 아니었다. 여전히 나는 여행을 한다. 마음속에 오래 남을 새로운 엽서를 꾸준히 받는 것이 내 여행이다. 그리고 이제는 멀거나 혹은 가까운 여행길에서 돌아오면, 누군가에게 엽서를 보내는 마음을 담아 글을 쓴다.
  마음속에는 여전히 바티칸 우체국의 소인이 찍힌 엽서가 들어있다.

수취인불명

사각사각,
육각의 판상 결정체 흑연 가루가
압축된 얇은 나무껍질과 부딪히는 소리

저는 잘 도착했어요
커피 향도 어디 떠나지 않으려고
한적한 공기를 붙들고 있어요
엽서 5g에 많은 걸 담을 수는 없지만
어둠과 친한 영혼도 조금 덜어 보내드려요
거기 햇살과 어울렸으면 좋겠어요

수취인불명인 응어리가
공허한 갈비뼈에서 울리고
틈입하는 빛이 몰려오면
정처 없는 이야기를 쏟아낸다

*

 사각사각, 육각의 판상 결정체 흑연 가루가 압축된 얇은 나무껍질과 부딪히는 소리. 고온·고압이 부족하다는 이유로 다이아몬드가 되지 못한 대가인 걸까, 부딪히며 부서져 버리는 고난의 길을 갈지자로 걷는다. 빛나는 보석으로 태어나지 못하고 이리 비틀, 저리 비틀거리며 고행의 길을 사는 나일지도 모르겠다. 왼손잡이로 태어나 현재는 오른손으로 연필을 감싸 쥐고 부딪히는 삶을 적어 나가는 모습이 응당한지 의문을 품는다. 무엇보다도 오랜 세월 동안 나와는 반대의 숨 뱉어오던 초로의 나체에게(종이에게) 어떠한 사유로 쉬이 낙서할 수 있을까 나도 모르게 울음이 나온다. 아마 올해도 산타는 못 만날 것 같다.

 산타에게 수신 한 번 보낸 적 없지만 누구에게나 엽서 보낼 수 있는 카페가 제주도에 있다. 개인마다 창문 하나, 테이블과 의자 하나, 종이와 펜 그리고 어두운 실내가 공통으로 주어진다. 이 공간은 바람마저도 편안한 옷으로 갈아입고 다가온다. 나는 나를 깊게 마시고 나를 맥없이 내뱉는다.

 내쉬는 무게에도 영혼을 담아내는 데 집중한다. 좁은 파장으로 떨리던 가성의 무게 또는 공기 중에 잠시 머물다가 걷혀 버리는 비말의 무게보다 더 무겁게 담아본다. 바벨처럼 치켜들었던 눈꺼풀을 조심히 내려놓는다. 무거울수록 깊게 가라앉을 수 있다는 생각으로 단전까지 호흡을 들이마시니 어느새 자연으로 물들어가고 있었다.

남천의 붉은 잎이 피어나더니 뒤영벌의 노란 엉덩이가 훅하고 지나간다. 창가를 투과하는 아침 빛이 나무 책상 위로 앉아버린다. 그 위로 엽서를 살포시 올려놓으면 무지의 종이가 붉고 노랗게 변해간다. 그 모습을 가만히 쳐다보고 있자니 검은 고민을 적어내도 충분히 위로받을 수 있다는 생각이 든다. 타인이 보았을 때 서투르다고 말할 수 있겠지만 괜찮다고 말해줄 것 같은 기분이 든다.

정말 좋은 서체는 무엇인지 고민을 해본다. 어렸을 때는 한석봉의 글씨체가 궁금했다. '얼마나 잘 쓰길래 그리 유명한 걸까?' 생각했지만, 그 답은 의외로 너무 가까이에 있었다. 우리가 흔히 볼 수 있던 명조체가 한석봉의 글씨체이다. 훌륭한 서체라는 것을 부정할 수 있는 겁 없는 사람은 누구도 없다. 다만 자못 흔하다. 누구나 손가락을 두들기는 방법만 안다면 아름다운 글씨체로 상대방에게 의사를 전달할 수 있다. 소위 궁서체를 진지한 서체로 비유할 만큼 영혼이 담긴 서체로 상대방에게 다가가고 싶다. 조금 꼬부라지고 주어진 줄을 엇나가도 나 그대로로 전달하는 게 더 의미가 크다. 첫 자음을 크게 쓰고 모음을 상대적으로 작지만 길게 늘여 써 본다. 이게 나예요. 어딘가에서 이 글을 쓰고 있지만, 누구에게나 있는 존재가 아니라고 담아낸다.

'텅.'

공허한 우체통에 영혼을 넣어내는 소리이다. 마치 내 갈비뼈 안으로 떨어져 버린 아련한 응어리가 느껴진다. 영혼은 언제나 어둠이 익숙하다고 말하고 있다. 노란 엉덩이에 숨겨진 뾰족한 벌침도, 우상향으로 써 나아간 글씨체도 모두 하나의 어둠과 섞인다.

보내는 사람을 쓰지 않았다. 그리고 받는 사람 이름을 쓰는 칸에는 곧 떠날(아직 짐이 남아있는) 집 주소로 보낸다. 떠나야 하는 집이지만 떠나지 못하고 있다. 이 엽서는 받지 못할 나에게로 보내는 엽서이다. 나 다음의 집주인이 받게 되겠지, 엽서는 어떤 표정으로 새로운 사람을 맞이할 수 있을까. 엽서는 이렇게 시작한다. 사각사각, 육각의 판상 결정체 흑연 가루가 압축된 얇은 나무껍질과 부딪히는 소리….

엽서로 꽃 피운 여행

드디어 꽃이 피기 시작했다. 궂은 날씨가 접혀 들어가더니, 어느덧 얇은 외투를 걸쳐도 괜찮을 정도에 가벼움이 따라왔다. 덩달아 따라오는 여유로움은 골목 어귀에 누워있는 고양이를 보면 느낄 수 있었다. 없던 그리움까지 생기는 새삼스러운 요즘이었다.

어지러운 햇살 더미에 눈이 부시다가, 묵은 공기에 창문을 활짝 열었다. 답답하게 막힌 마음이 환기되고, 정리되지 않은 책장이 거슬렸다. 보지 않는 책을 정리하다가, 일본어로 된 책 한 권이 보였다. 이런 책을 산 적이 없을 텐데, 드는 의문에 고개를 갸웃거리며 뒤표지를 보니 한국에서 살 수 있는 책이 아니었다. 촤라락-. 색이 바랜 책을 훑다가 툭 하고 엽서 하나가 떨어졌다. 오사카의 골목이 찍힌 엽서, 어설픈 기억 하나가 조금씩 떠오르기 시작했다.

몇 해 전, 꽃이 피기를 반복하던. 나는 비슷하지만, 전혀 다른 풍경의 거리를 걷고 있었다. 나는 한때 자주 일본으로 여행을 떠났다. 가장 가깝기도 했고, 학창 시절에 배웠던 언어가 일본어라는 것도 이유라면 이유였다. 친하진 않았지만, 삼촌이라는 친인척이 살고 있다는 점도 무시하지 못할 이유였다.

오사카, 혼자 하는 첫 해외 여행지였다. 키가 작은 집들이 모인 주택가, 그 뒤 허름한 철망 옆의 작은 숙소. 여행에 들뜬 나머지 날짜를 혼동했던 나는 그제야 잘못 예약했음을 깨달았다. 애석하게도 그곳엔 단 한 명의 한국인도 없었고, 나름대로 대화가 통할 거로 생각했던 것도 내 오만이었다. 나름 든든한 백그라운드였던 삼촌이 사는 곳은 도쿄였고, 내가 있는 이곳은 오사카. 그곳에서 나는 그저 말이 통하지 않는 외국인일 뿐이었다.

나의 낭황함을 눈치챈 주인은 어떻게든 해결해주고 싶었던 모양이었다. 하지만 말이 통해야지 원, 총체적 난국이었다. 영어를 할 줄 모른다는 주인의 말에 나는 울상을 지으며 손짓, 발짓으로 상황을 설명하고 있었다.
'내가 도와줄게요.'

그 순간 옆에서 한국말이 들려왔다. 어눌한 발음이었지만 분명 한국어였다. 놀란 표정으로 그쪽을 바라보자 나보다 한 뼘 정도 작은 여자아이가 나를 바라보고 있었다. 자신을 아키라 소개한 이는 순식간에 주인과 대화를 시작했다. 알 수 없는 일본어들이 빠르게 눈앞을 왔다 갔다 하더니, 금세 주인은 크게 웃으면서 내게 사물함 열쇠를 건넸다. 내게 있어 청천벽력 같은 상황이, 한순간에 끝이 난 것이다.

'끝난 거예요?'

나도 모르게 물음이 터져 나왔고, 아키는 웃으며 고개를 끄덕였다. 갑자기 눈앞에 나타난 구세주 그녀 덕분에 낯선 나라 휑한 길바닥으로 쫓겨나지 않을 수 있었다.

같은 방이었다면 참 좋았겠지만 아키는 바로 옆방에 묵는 여행자였다. 홋카이도 출신인 그녀는 오랜만에 친구를 만나기 위해 오사카에 왔다며. 어떻게 한국어를 그렇게 잘하느냐고 묻자, 자신이 가장 좋아하는 가수가 한국 가수라서 열심히 공부했다고 이야기했다. 그 순간 나는 직감했다. 같은 가수를 좋아하고 있지 않을까. 아니나 다를까, 역시나. 덕심은 만국은 공통이라고 우린 같은 가수의 팬이었다. 그 순간 우린 하나가 됐다. 덕력의 힘이 먼 타지에서도 어마어마하게 발휘된 것이다.

아키는 일부러 시간을 내서 나와 이곳저곳을 함께 돌아다녔다. 가고 싶던 도톤보리부터, 현지인들이 자주 가던 타코야키 집과 먹고 싶었던 쿠시카츠 집, 라멘 집. 덕분에 맛집에 실패는 없었고, 함께라는 즐거움까지 덤으로 얻었다. 그렇게 며칠을 함께 돌아다니며, 아키와 우정을 키웠다. 모르는 한국어를 가르쳐주기도 하고,

유용하고 필요한 일본어를 배우기도 했다.

하지만 곧 아키가 돌아가야 하는 날이 돌아왔다. 친해진 지도 얼마 되지 않아 그녀가 간다는 사실이 슬펐던 나는, 미리 사둔 선물을 건넸다. 페이스북 친구를 맺고 꼭 다시 만나자는 나의 말에 아키는 작은 엽서를 내밀었다. 지난번 함께 간 소품 가게에서 그녀가 산 엽서였다. 뒷장엔 어설픈 글씨체지만 정성 어린 한 줄이 적혀있었다.
'친구가 되어줘서 고마워, 한국에서 만나 - あき'
삐뚤빼뚤, 하지만 그 어느 편지보다 정성 가득한 선물이었다.

타지에서 생긴 새 친구, 그리고 그녀가 준 선물을 발견한 지금. 한동안은 연락을 주고받았지만, 언제부터인가 연락이 끊어져 있었다. 그녀의 근황이 궁금해진 나는 오랜만에 페이스북에 들어갔다. 아키의 계정은 여신히 남아있었고, 어느덧 그녀는 결혼해 한 가정을 두고 있었다. 작은 안부를 묻는 인사를 빈 채팅창 위에 남겼다. 이 메시지를 그녀가 볼지, 보더라도 나를 기억을 할지는 모르지만. 새록새록 하게 떠오른 추억 덕분에 마음은 아주 즐거워졌다. 아주 어릴 적에 만난 인연이 이렇게나 오랜 세월이 흐른 뒤에도 새롭게 마주하고 있었다.

우연히 발견한 엽서 한 장에 여행의 추억이 고스란히 담겨있었다. 추억할 수 있는 것들이 남아있다는 건 참 고마운 일이라는 걸

요즘 더욱이 실감한다. 변화된 일상에 늘 여행이 그립기만 했는데, 우연히 찾은 엽서 한 장에 색다른 여행을 할 수 있었다. 아주 즐거운, 아주 기분이 좋은 여행을.

걷는 거리마다 보지 못했던 꽃이 고개를 들기 시작했고, 큰 날개 꽃잎 뒤로 자잘한 다발이 만개하고 있다. 울었고, 웃었던 지난 시간이 환기되듯, 어느덧 시절은 불어온 바람처럼 지나더니 꽃을 피우기 시작했다. 봄의 기운이 만개하다 못해 아예 자리를 잡은 그런 봄날이 거짓말처럼 곁에서 맴돌고 있었다.

- 사이
- 책장
- 엽서
- **커피**
- 오래된 물건
- 달
- 포옹
- -

커피

나른한 휴일 아침, 느지막이 일어났는데 새삼 몸이 가벼운 날 있잖아요. 너무 잘 자고 일어났는데 배는 그렇게 고프지 않을 때, 고소하고 좋은 향이 나는 커피 한 잔은 무엇과도 바꿀 수 없는 기분을 선사해주죠. 커피의 가장 좋은 쓰임은 그런 것 같아요. 좋은 것에 더해서 더 좋게 만들어 주는 것 말이죠. 낯선 나라에 갔을 때 고소하게 풍겨오는 커피 볶는 향, 좋아하는 사람과 카페에 가서 대화 중 무심코 마시는데 마음에 드는 산미. 커피 향과 같은 이야기를 써주세요. 고소하고 맛있는 이야기를 기대할게요.

"김 양, 여기 커피 좀."

"김 양, 여기 커피 좀."

시대가 어느 때인데 커피를 타오라고 하는 사무실이 다 있을까. 생계는 불안하고 미래는 불안정해서 어쩔 수 없이 중소기업을 취업했다지만, 김혜지는 자신을 향한 후회를 멈출 수가 없었다. 그녀는 2개월 전 중소기업 경리로 입사했다. 한 달만 더 채우면 수습기간인 3개월을 다 채울 수 있었다. 그렇게만 된다면 애초에 수습기간에 지급되기로 약속된 급여액 80%에서, 곧 100%로 오르는 상승세의 기쁨을 누릴 수 있었다.

처음에 사장은 할 일이라곤 작은 사무실을 돕는 거라고 했다. 그러고 나선 할 게 별거 없다고 했다. 간단하게 책상이랑 거래처 사장님들 오시면 커피 타오고, 그런 거 하다가 엑셀로 수불 관리 몇 개만 하면 된다고 했다. 그녀는 할 일이 별거 없다고 하는 말을 순진하게 믿었다. 철석같은 기대는 순식간의 절망으로 돌아왔다. 그녀가 4년제 인서울 고스펙자가 아니라, 지방 전문대 경영학과 졸업생 출신이라는 것에 대한 보상은 그런 것이었다.

 김혜지는 커피를 더럽게 못 타는 사람이었다. 사실, 그녀는 커피를 안 마신다. 한 잔이라도 꿀떡꿀떡 받아 마시면, 그날 저녁부터 해서 다음 날 아침까지 잠이 오지 않았다. 카페인은 그녀의 심장을 요동치게 했는데, 백수 시절엔 그런 것 따위가 큰 장애가 되지 않아 불면의 시간을 이력서와 자소서를 작성하는 시간으로 흘려보냈다. 이 거지 같은 중소기업에 취업한 후로는 불면의 시간을 용납할 수 없는 노릇이었다. 사장은 거짓말을 했다. 일은 더럽게 많았다. 그녀는 출근하자마자 대표가 좋아하는 취향의 커피를 타야 했다. 아직 핸드백을 내려놓기도 전이었는데, 대표가 마실 커피를 만들기 위해 커피포트의 전원 버튼을 눌러야만 했다.

 "커피가 왜 이리 쓰나?"

 어떤 때는 미간에 잔뜩 주름을 주고 싫은 소리를 하기도 하고, 또 다른 때에는 무덤덤한 표정으로 짜증 섞인 쩝쩝 소리를 내는 게 사장이었다. 그녀는 자기가 커피 자판기인지 경리 직원인지 분간이 안 갈 정도로 커피를 말아 재꼈다. 회사 업무는 중간이란 게 없었는데, 그 이유인즉 가족들이 경영하는 그야말로 가족 같은 회사였기 때문이었다. 대표와 대표의 아내와 대표의 아들딸 놈들이 점거하고 있는 이곳은, 회사가 아니라 집을 고스란히 옮겨온 거점과도 같은 곳이었다.

그녀는 경리라는 이유로 기본적인 회계업무와 함께 가족들의 각종 대소사를 맡아 역할 하는 해결사였다. 대표의 아내가 생일일 때는 딸기 케이크를 냉장고에 잘 넣어두기도 했고, 별 볼 일 없이 '놀러 왔는데요.'라며 헛소리를 지껄이는 대표의 아들이 소파에 누워 뒹굴거릴 때에 거슬리지 않도록 조용히 타이핑을 하기도 했다. 대표의 딸은 회사에 잘 오지 않았는데, 대표와 그 가족 놈들 몰래 자기 남자친구를 끌고 사무실로 들어와 연애질을 작당했기 때문이었다. 회사 경영이 아니라 연애 사업의 경영을 하고 있다는 걸, 사무실을 잠그고 나왔는지 희미한 기억을 더듬으며 다시 발걸음을 돌리던 퇴근길에서 발견했기 때문에 그녀는 참 그 애비에 그 딸이라는 생각을 지울 수 없었다. 다음 날 아침 대표의 딸이 연애질 끝에 벗어 던지고 간 브래지어를 단정히 개어서 한 켠에 올려놓으며, 그녀는 자기가 무슨 일을 하는지 헷갈린다는 생각을 했다.

이러저러한 마음을 접고, 그녀는 사무실의 문을 열었다. 출근 전에 귀동냥으로 들었던 일기예보에서는 이제 겨울이 걷히고 봄의 따스한 날씨가 시작된다고 했었다. 그러나 아직 사무실은 싸늘하고 냉랭한 기운이 가득했다. 그녀는 마치 자기의 내면과도 비슷한 온도라고 생각했다. 그녀는 핸드백을 자기 의자에 내려놓으면서 동시에, 대표의 책상에서 머그컵을 잡아 들었다. 머그컵 안에는 가래침과 담배꽁초가 들어 있었다. 그녀는 이 컵을 비우고, 설거지하고, 새 커피를 채워야 했다. 그녀는 커피에 침을 뱉어주고만 싶었다.

그녀가 쓰레기통의 뚜껑을 열고 탁탁 터는 시늉을 하자, 물컹

한 가래침이 그 안으로 들어갔다. 가래처럼 더러운 새끼. 그녀는 혼자 중얼거렸다. 컵을 씻는 동안 전기포트의 전원을 눌렀다. 오늘은 진짜 역대급으로 맛없는 커피를 만들어줄 테다. 그녀가 다짐하는 사이, 찰랑하고 대표의 입장을 알리는 차임벨이 울렸다.

"오셨습니까."

대표가 이쪽으로 다가오자 그녀는 얼른 고개를 조아렸다.

"어어. 김 양, 커피 좀 잘 만들어봐. 맛이 영, 쓰잖아. 입사한 지가 언제인데 아직도 내 입맛을 몰라?"

어처구니없는 말이었지만 그녀는 월급쟁이였다. 한 달만 버티면 월급의 100%가 채워질 터였다. 그녀는 입술을 살짝 앙다물었다. 대표의 눈에는 안 보이게.

"그리고."

"네."

"내일부터 유니폼 입을 거야."

"예?"

"경리직원이 되어 가지고 청바지가 뭐야, 청바지가."

"네? 복장이랑 일하는 건 아무 상관이 없다고 생각하는데요."

처음으로 그녀가 자기 생각을 표현했다. 그렇지만 대표는 큰 타격을 입은 사람처럼 보이지 않았다. 오히려 메마른 하품만 게으르게 할 뿐이었다.

"그런 줄 알아."

대표는 탕비실을 휘적휘적 빠져나갔다. 그녀는 속 안에서 뜨거운 것이 후욱 올라와 머리끝까지 차오르는 것을 느꼈다. 지금 나무시했어? 그런 거야? 저 새끼가 진짜. 돈 빼고는 아무것도 아닌 게. 때마침 끓는 점에 도달했다는 커피포트의 전원이 틱하고 울렸다. 그녀는 고소한 원두 콩을 수동 그라인더로 갈아 재끼면서 양껏 분노를 표출했다. 뭔 새끼, 뭔 놈, 이러면서. 마침내 커피콩이 다 갈아지자 커피를 내릴 병에 끓는 물을 부으며, 그녀는 어떻게 지능적으로 복수할 지에 대해 골똘히 고민했다. 그러다 밖에서 카악 퉤- 하고 재떨이에 침을 뱉는 대표의 소리가 들렸다. 그녀는 씨익 웃었다. 그래? 그래. 눈에는 눈, 이에는 이다 싶어서. 그렇게 한껏 침을 모으고 있는 와중에,

"혜지 씨!"

탕비실의 문이 벌컥 열렸다. 그녀는 아직 완성되지 못한 침을 입에 머금은 채 뒤를 확 돌아봤다. 그 자리에는 대표의 딸이 있었다. 그의 왼손에 들린 브래지어에 저절로 눈이 갔다.

"뭐야 이게? 혜지 씨가 내 속옷 만졌어? 나, 남이 내 옷 만지는 거 싫어하는 거 알아몰라? 이 회사 식구 된 지 두 달이 넘었는데 아직도 내 캐릭터 파악 안 돼? 근데 지금, 뭐야? 혜지 씨, 입술?"

그녀의 입 끝에 야들야들 맺힌 침이 밖으로 나올랑 말랑 안으로 들어갈랑 말랑, 한참 달랑대고 있었다. 그녀는 어쩌지 못하고 목구멍으로 그것을 꾸욱 삼키고 말았다. 그녀는 사람 좋은 웃음으로 태도를 바꾸었다.

"하하. 새 틴트를 발라서 입술이 좀 촉촉한 감이 있어서요."

대표의 딸은 넉살 좋게 다가와서 얼굴을 이리저리 뜯어 보았다.

"어머, 그랬구나. 난 또 침 뱉는 줄 알았지. 커피에 침을 뱉는

건 줄 알고 깜짝 놀랐잖아. 그거 구린 거 알지? 사회생활에 하나도 도움 안 돼."

대표의 딸은 잠깐 동안 눈을 흘기면서 실긋 웃더니, 그녀의 등을 토닥였다.

"힘내. 참고로 울 아빠는 커피 엄~청 연하게 마셔. 자기는 좀 쓰게 타더라. 꼰대들은 핸드드립 별로 안 좋아해서. 그럼 수고."

탕비실 문이 닫히자 그녀는 안도의 한숨을 쉬었다. 이걸 다행이라고 해야 하는 건지, 아쉽다고 해야 하는 건지 모를 감정들이 잔뜩 뒤섞였다. 이래저래 복수는 실패했고, 그녀는 목구멍이 영 찜찜했다. 그녀는 시간이 꽤 오랫동안 지난 것만 같은 느낌을 받았다. 그녀는 머릿속이 하얘진 채, 다시 커피를 제조해갔다.

커피는 대표의 딸이 조언했던 연한 커피가 아니라, '정상적인' 버전으로 완성되었다. 대표는 커피의 맛이 여느 때보다 오늘이 더 쓴 것 같다며 혀를 내눌렸다. 쓴맛에 학을 떼는 대표가 불쾌감을 감추지 않았다. 그리곤 커피잔에 다시 입을 대지 않았다. 대신에, 그녀에게 유니폼을 주문하라며 유니폼 색상, 죽이는 걸로다가 리스트 업해서 보고하라고 했다. 그녀는 다시 입을 오물거렸다. 대표가 담배를 피우러 나가는 동안, 그녀는 커피잔으로 살금살금 다가갔다.

퐁당 이라고 해야 할지, 풍덩이라고 해야 할지. 그런 커피가 그녀의 미소 위로 둥실둥실 떠올랐다. 그녀의 수습 기간은 아직 한 달이나 남았다.

원두는 두 티스푼
설탕은 한 티스푼

    일요일은 우리 가족이 모두 모여서 밥을 먹는 유일한 날이다. 점심시간이 다 되어갈 때쯤 엄마의 재촉에 졸린 눈을 비비며 화장실로 도망간다. 청소가 시작되기 때문이다. 봄, 여름, 가을은 버틸 만한데 겨울에는 도망이 필수다. 밤새 따뜻하게 데워진 이불에서 나오는 것도 쉽지 않은데 창문까지 활짝 열려 있다고 생각해보자. 그것보다 고통스러운 일은 없다. 찬 공기와 엄마의 잔소리를 피해야 한다! 비교적 따뜻한 화장실에서 음악을 크게 틀어두고 흥얼거리다가 청소가 끝나면 자연스럽게 젖은 몸을 닦으며 나오면 된다. 머리카락을 말리고 옷을 다 입을 때쯤이면 맛있는 냄새가 나기 시작한다. 꽁치 김치찜에 계란말이 그리고 갓 지은 밥 냄새에 배가 요동친다. 부엌을 기웃거리면 "청소할 때는 코빼기도 보이지 않더니."라고 하신다. 멋쩍게 웃어넘기면 된다. 정해진 것처럼 아빠 옆에 막둥이, 내 옆에는 동생 윤이, 식탁 끝에는 엄마가 앉는다. 엄마가 장갑을 끼고 김치찜 뚜껑을 열면 그때부터 전쟁 시작이다. 우선 아빠의 신호를 기다린다. 늘 김부터 싸 드신다. 연기가 더 이상 천장을 향해 피어오르지 않을 때쯤 우리 차례가 온다. 헐레벌떡 젓가락을 들고 꽁치부터 섬멸한다. 그런 다음에 틈틈이 기다란 김치를 꺼내 들어서 흰 쌀밥 위에 길게 펼쳐두고 감싸 먹는다. "역시 엄마가 해준 밥이 최고야.", "맞아. 다른 친구들은 자기 엄마가 해준 음식 맛없다고 하는데."라는 몇 마디에 미소 짓는 엄마의 모습을 보면 절로 행복해진다. 슬슬 숟가락이 밥그릇에 닿는 소리가 난다. 각자의 식기를 물에 불려두고 아주 가끔 뒷정리를 돕는다.

아빠는 바로 소파로 간다. "딸들, 아빠 커피 한 잔…." 문장이 완성되기 전에 재빨리 방으로 도망가야 한다. 그런데 동생들이 얼마나 빠른지 내가 항상 한발 늦는다. 결국 오늘도 내가 타야 한다. 아빠 커피에는 규칙이 있다. 원두 가루를 두 티스푼 넣고 설탕을 한 티스푼 넣은 다음에 물을 많이 넣어야 한다. 커피를 타고서는 괜히 심술부리며 아빠에게 가져다준다. 아빠가 뜨거운 커피를 한 모금 홀짝이면 나는 옆에 앉아서 차가운 아이스크림을 한입 베어 문다. 닮은 두 사람이 나란히 앉아서 티비를 보고 손톱을 물어뜯고 있으면 "둘이서 또 저러고 있네. 닮지 않은 게 없어."라고 엄마가 웃으며 말한다. 그러면 우리는 누가 더 나은지에 대해 열렬히 토론한다. 결과는 무승부. 똑같다는 결론으로 마무리 짓는다. 식사를 마치면 커피를 찾던 아빠를 그대로 닮아버린 나는 오늘도 컵에 믹스 두 봉을 털어 넣고 커피포트의 전원을 켠다. "아빠 커피 좀 끊어. 중독이야 카페인 중독. 몸에 안 좋다고!"라며 잔소리를 하던 내가 이제는 동기들에게 똑같은 잔소리를 듣고 있다. 혼자 카페에 가서 커피를 마시거나 방에서 믹스커피를 들이켜고 있으면 자연스럽게 아빠가 떠오른다. 아빠도 커피 한 잔에 피로가 싹 가시는 기분이 들었었는지 이제야 묻고 싶어진다. 다시 그때로 돌아가면 나만의 레시피로 아빠에게 인생 최고의 커피를 선사하고 싶다. 나란히 앉아서 뜨거운 커피 한 모금으로 입을 적시고 싶다. 커피를 마시며 오늘 하루는 어땠냐고 묻고 요즘 힘든 건 없냐고 묻고 아빠의 꿈은 뭐냐고 물을 걸 그랬다. 옆에 앉아서 아이스크림을 베어 물던 철없는 어린아이가 어느새 아빠를 닮아 커피 한 잔에 외로움을 씻겨내고 있다.

커피를 마실 때

어렸을 때 엄마 친구들은 우리 집에 종종 모였다. 엄마는 과일을 깎고, 커피를 대접했다. 나는 깎아놓은 과일을 손님상에 내기도 전에 슬쩍 한두 개씩 먼저 집어먹어 늘 혼났다. 그래도 언제나 엄마 옆에 붙어 앉아 커피를 타는 것을 구경하곤 했다. 엄마는 아끼는 커피잔 세트를 꺼내어 초이스 커피, 프리마 그리고 설탕을 넣고 전기포트의 끓인 물을 부었다. 엄마와 엄마 친구들은 그렇게 모여 앉아 커피를 마시며 오후 내내 많이 웃었다.

커피를 그렇게나 좋아하던 엄마는 동생이 죽고 나서부터 커피를 마시지 못했다. 이유 없이 가슴이 뛰고, 숨이 꽉 막혀온다고 진땀을 뻘뻘 흘렸다. 병원에서도 딱히 병명이 있는 것은 아니었다. 엄마는 의사 권고대로 커피를 끊었다. 시간이 약이었을까. 엄마의 증세는 점차 나아졌지만 커피를 마시지 않게 된 엄마는, 이제 딱히 마시고 싶은 생각이 들지 않는다고 했다.

젊었던 엄마처럼, 나도 커피를 무척 좋아한다. 결혼을 하고 나서도 길 건너 부모님 댁에 매일 드나들었다. 살림꾼인 엄마 주방엔 온갖 음식 재료가 다 있으나, 원두커피는 없었다. 대신 엄마는 늘 커피믹스를 사다 놓았다. 막상 사둬도 드시지 않는 커피였지만 말이다. "우리 집 커피는 너 때문에 사다 놓는다."라고 하시며 함께 마트에 가면 어떤 커피가 맛있는 거냐고 물으셨다.

나는 "믹스가 뭐, 다 거기서 거기지." 하면서도 제일 맛있는 커피를 집어 엄마 카트에 무심하게 툭, 넣곤 했다. 그리고 부모님 댁에선 늘 그 커피믹스를 한 잔씩 마셨다.

부모님이 계셨고, 건강하시던 시절, 우리 가족은 강원도 여행을 떠났다. 딸아이까지 다섯 명, 삼대가 떠난 여행이었다. 횡성, 한계령을 거쳐 강릉의 마지막 코스로 카페 테라로사를 찾아갔다. 인가도 드문 시골길로 들어서자 부모님은 커피집을 간다며 왜 자꾸 농사짓는 데로만 가느냐고 웃으셨다.

좁은 길을 따라 들어간 마을 안쪽, 마치 유럽의 어느 시골쯤에 있으면 어울릴법한 큰 목조주택이 있었다. 예쁘고 아기자기한 입구의 작은 뜰을 지나 현관문을 열고 들어가면, 온통 커피 향으로 가득했다. 가장 안쪽 테라스 자리에 앉으니 뒤편으로 작은 연못이 딸린 푸른 정원이 한눈에 들어왔다.

그날, 우리 가족은 모두 그 자리에 앉아 정원을 바라보며 커피를 마셨다. 사람들이 많았고, 사방에서 사람들의 말소리가 들렸지만, 바라보는 정원의 풍경만큼은 호젓했다. 그날, 집에 돌아오며 이번 여행에서 어디가 제일 좋으셨냐 했더니 엄마가 웃었다.

"나는 그 다방이 제일 좋더라."

엄마는 이후에도 강릉의 그 다방 이야기를 종종 했는데, 다음에 또 같이 가자 했지만, 그다음은 영영 올 수 없게 되었다.

커피를 끊었던 엄마는 요양병원에 입원하고부터 커피믹스를 한 잔씩 드셨다. 식사를 거의 하지 못했고, 그마저도 엄마 표현을 빌리면, 깡패같이 밀어 넣어 겨우 먹이는 수준이었다. 대신 달달한 커피믹스 한잔은 유일하게 엄마가 달라고 한 음식이었다.

병상 옆에 앉아 억지로 밥을 먹이고는 엄마와 둘이 커피믹스 한 잔씩을 마셨다. 병세가 깊어진 엄마는 기력이 없어 손을 덜덜 떨며 커피를 마셨다. 겨우 아기들이나 머을 만큼의 음식을 힘겹게 먹이고 나서 엄마와 갖는, 짧은 티타임이었다. 그리고는 오후에 출근했다. 엄마를, 그리고 옆 병실에 아빠를 남겨둔 채로 말이다.

매일 병원의 부모님을 들여다보며 겨울이 갔고, 봄이 왔고, 5월이 되자 두 분은 이십여 일을 사이에 두고 차례로 돌아올 수 없는 먼 길을 떠났다.

부모님이 돌아가시고 그다음 해, 친구들과 강릉의 테라로사를 다시 갔다. 초행이라는 친구들에게 말했다.

"우리 엄마가 그때 여행에서 제일 좋다고 했던 다방이야."

그런데 도착해보니 그 다방이 없어졌다. 물론 정말 없어진 것은 아니었다. 그 다방은 도시의 브런치 카페처럼 커다란 덩치를 가진 테라로사가 되었다. 그 목가적이던 테라로사는 어디 간 거지. 나는 그만 당황했다. 직원을 잡고 물어보았다.

"예전 테라로사는 없어졌나요?"

다행히 건물 뒤 예전 테라스 좌석에서 바라보았던 정원이 그대로 있었다. 거대한 새 건물을 지나 연못을 가로지르는 작은 다리를 건너니 시골 다방 테라로사의 옛 건물이 그대로 있었다. 이제 카페로는 사용하지 않는다고 했지만, 거기 있다는 것만으로 반가워 눈물이 날 것 같았다.

그 이후에도 나는 테라로사를 갈 때마다 정원의 나무다리를 건너가 옛 테라로사 건물을 물끄러미 보고 온다. 예전과는 반대 방향인 나무다리 끝에 서서 옛 테라로사의 그 테라스를 바라본다. 어쩐지 부모님은 여전히 그 테라스에 앉아 푸른 정원을, 그리고 그 건너편 지금의 나를 바라보고 있을 것만 같은 것이다. 마치 시간을 거슬러 되돌아온 듯한 기분이 들곤 하는 순간이다.

연이은 부모님의 죽음을 접했다고 해서 죽음이 특별히 더 무서워진 것은 아니다. 그렇다고 해서 이제쯤은 삶이 우스워진 것도 물론 아니다. 나는 아직 떠나지 않았다. 그러므로 떠난 이의, 떠난 이후의 삶에 대해서는 알지 못한다. 엄마가 병석에서 말했었다.

"사람이 죽으면 어떻게 될까?"

떠난 엄마는 이제 해답을 찾았겠지만, 나에게 이야기해줄 수 없으니 그 질문은 내게 여전히 질문으로 남는다. 다만 남겨진 나는, 훗날 내가 떠난 이후 남겨진 이들의 마음은 알 것 같다. 함께하는 많은 시간, 행복한 이야기들이 '추억'이거나 '그리움'이라는 이름으로 그들과 함께 할 것임을 이제 안다. 그러니 오늘도 사랑하는 사람들에게 다정하고 따뜻하게 한마디 건네본다.

"같이 커피 한잔할까요?"

소파에 기대어

 믹스 커피를 끊은 지 일주일이 지났다. 알고 지내던 사람과 관계를 끊은 지 한 달이 지났다. 자주 가던 곳을 끊은 지 넉 달이 지났다. 이러다 보니 왠지 잘못 살아왔다는 느낌이 들었다. 괜한 것에 빠져들었다가 이제야 놓으려니 쉽지가 않다. 하지만 내게 좋지 않은 것을 알아차리고 단박에 끊어내는 건 용기가 필요한 일이다. 유난히 많이 가지는 시기가 있고 유난히 많이 끊어내는 시기가 있다.

 일요일에서 월요일로 넘어가는 12시 1분. 나는 꼭 이 시간만 되면 정신이 더 말똥말똥해진다. 커피를 끊었는데도 내 불면의 밤은 여전하다. 옆에서는 남편이 또 코를 골기 시작했고, 나는 등을 돌려 이불을 귀까지 끌어당겨 덮었다. 십수 년이 지났는데도 남편의 코골이는 적응하기가 아무래도 어렵다. 시끄럽다고 곤히 자는 남편을 깨울 수는 없고, 이불을 걷어내고 일어나 다시 거실로 나왔다.

사방이 조용하다. 따뜻한 우유라도 데워 먹을까 하고 냉장고 문을 열어 우유 한 통을 꺼냈다. 흠, 유통기한이 3일 지났네. 싱크대에 부어버리고 우유 팩은 씻어서 엎어두었다. 커피포트에 물을 올렸다. 따뜻한 뭐라도 마셔야겠다. 습관처럼 커피를 찾았다. 커피로 채워져 있던 바구니에 보이차, 녹차, 루이보스 차들이 빼곡히 자리를 차지하고 있었다. 뭘 마시든 상관없이 잠은 어차피 때를 놓쳤다. 오늘은 녹차다. 물이 다 끓었다. 컵에 물을 따르고 녹차 티백 하나 풍덩 담갔다. 녹차는 향기는 은은하고 좋은데, 두세 모금 마시면 이후에는 떫은맛이 강해져서 거의 다 마셔본 적이 없는 것 같다. 그냥, 뭐라도 옆에 있어야 좋을 것 같아서 컵을 내 옆에 놔둬본다. 김이 모락모락 나는 잔을 바라보았다. 녹차랑은 친해질 일이 없겠구나 싶다.

식탁 조명을 끄고 얼마 전에 선물 받은 양키캔들에 불을 붙였다. 레몬 라벤더 향초를 골랐다. 향기가 짙어서 이내 꺼버렸다. 다시 어둠. 창밖으로 눈길을 돌렸다. 발코니로 다가갔다.

찰칵.

스마트 폰으로 사진을 찍었다. 어두운 아파트 건물에 별자리처럼 드문드문 불빛들이 콕콕 박혀있다. 그래서인지 어둠이 곱게 찍히지 않는다. 너무 밝게 찍히는 게 마음에 들지 않아서 한 번 더 찍었다. 깜깜한 밤이어야 하는데, 어딘가 물들어 있어 어둠도 제 기능을 못한다. 너무 밝다. 자기에는 세상이 너무 밝다. 이 밤이 너무 밝다.

밝은 밤에 마음이 어두워 잠이 들지 않는 건가 싶었다. 마음의 회오리가 칠 때 사물을 바라보면 온전히 서 있는 것도 괴물로 둔갑해 보인다. 소파에 앉아 머리를 기댔다. 천장에 드리워진 긴 그림자가 어디서부터 시작된 것인지 모르겠다. 독하게 끊어내고자 하는 마음에서 비롯된 그림자인가 싶다. 빛을 찾고 그림자를 걷어 내기 위해 끊었던 것들과 다시 손을 잡아야 하는 걸까? 무리였나? 모두 품을 수 있을까? 이처럼 빙글빙글 돌고 있는 내 마음을 멈추게 하는 방법은 없는 걸까? 기울어지고 좁아진 내 마음의 균형을 맞추고 평수를 넓힐 수 있을까? 그나저나 앞으로 새로운 일을 경험할 수 있는 기회가 얼마나 될까? 해낼 수 있는 용기는 있는 걸까? 용기만 있으면 되는 걸까? 기회는 오는 걸까? 모르고 지나치는 건 아닐까? 기회를 찾아 떠나야 한다면 그럴 수 있을까? 실패한다면 버틸 수는 있을까? 가만히 있는 게 나은 걸까? 지금도 충분하진 않을까? 지루함을 견디는 힘이 부족한 걸까? 호기심이 많은 걸까? 하고 싶다고 다 할 수는 있는 걸까? 그런데 이 밤중에 난 지금 뭘 하는 걸까? 하나 마나 한 고민은 뭐 하러 하는 걸까? 잠은 어디 갔을까? 잠은 올까?

끊어 내야 하는 건 커피나 사람이나 장소가 아니라 이런 잡념이어야 했다. 소파에서 일어났다. 내일 아침 출근길에 다시 커피 사러 가야겠다.

블라우스에 커피가 쏟아진다

커피를 바라보는 것만으로도 잠이 오지 않을 때가 있다. 종이컵에 담겨 있든, 예쁜 찻잔에 들어가 있든 간에, 잔마다 사람들이 담겨 있다. 때때로 그와 만났던 시간을 마셔 버린다.

어렸을 때는 커피 맛 따위는 몰랐다. 어쩌면 사람들을 따라 마셨다고 봐도 무방하다. 술과 담배 그리고 커피는 어른이 되면 시작하라고 한다. 그나마 커피는 다른 두 가지보다는 미리 경험해도 크게 제약이 없는 편이다. 처음은 동네 슈퍼마켓 앞에 있는 커피 자판기이다. 나름 기준을 잡으려고 블랙커피와 밀크커피를 선택해서 맛을 본다. 아무래도 블랙커피는 무슨 맛인지 도통 알 수가 없다. 그 중에서 달콤한 맛을 선택해 어른 흉내를 내곤 했다. 시간이 흐른 지금은 자판기 커피를 마시지 않는다. 아무래도 이때 했던 연애도 비슷하다.

지나고서야 가난했던 내가 남는다. 사랑이 무엇인지도 당연히 모르고. 한 번 사용한 종이컵이 아무렇지 않게 버려진다. 스무 살이 지나 한 손에는 담배와 다른 손에는 밀크커피를 마시는 공무원과 대화를 나눴는데 그 입 냄새를 맡은 이후부터는 밀크커피를 먹지 않게 되었다. 이제는 자판기 커피가 잘 기억나지 않는다. 의식적으로 피하게 된다. 무의식적으로 잊고 싶은 것이 있는 게 분명하다.

커피를 다시 시작하기 전까지 녹차, 홍차를 거쳤다. 그러다가 아침마다 식사는 걸러도 아아(아이스 아메리카노)는 거르지 않는 사람을 만났다. 정체성이 뚜렷한 분이고 배울 점이 많다고 생각해서 만날 때마다 아아 두 잔을 시켰다. 이때 처음으로 테이크아웃(포장)도 경험했다. 공간을 마시는 것이 아니라 오롯이 커피를 위한 지급이 이뤄진다. 어쩌면 누군가 꾸며 놓은 장소가 아니고, 어디든 걸어가다가 멈춤으로써 그 순간을 완성 시켜 나가고 있었다. 본연의 향을 검붉게 퍼지는 아메리카노의 매력을 향유하고 있었다. 타인에게 피해를 주지 않는 한에서 제 멋대로가 좋다. 내가 에스프레소라고 판단했다. 당신이 물이면 금세 물들 것이고, 얼음이라면 천천히 색이 들 거라고 말이다. 아아를 벌컥벌컥 마셨지만, 생각만큼 가슴을 시원하게 만들지는 못했다.

아이스 플랫 화이트를 처음 알려준 사람이 있었다. 우유를 좋아하는 나로서는 넋을 안 내놓을 수가 없었다. 흰 우유가 바닥에 깔려 있고 에스프레소가 올려져 있는데 물과 기름처럼 층이 정확히 지어진 것이 아니다. 마치 손가락이 깍지 낀 듯한 모양이다. 특히, 그 커피숍은 얼음을 잘게 잘라 주는데 부딪치는 소리에 하릴없이 **빠져든**다. 그 소리가 마치 잡은 손 흔드는 커플처럼 느껴진다. 다만, 아쉬운 점은 그렇게 얼음 알갱이들이 흔들리며 녹아갈 때쯤이면 깍지 모양이 사라지고 색이 모호해진다는 점이다. 그리고 아이스 커피 특징 중 하나가 유리컵에서 온도 차이로 잔 바깥 방향으로 수증기가 여드름처럼 생긴다는 거다. 분명 섞이고 있는데 안팎의 행동과 생각이 달랐다. 좋아했는데도 사귀지는 못했다. 결국은 여드름끼리 붙어 바닥으로 떨어지고 말았다. 그 여름은 그렇게 떨어졌다.

바닐라 향에 빠진 적이 있다. 딸기, 초콜릿과 함께 아이스크림을 대표하는 바닐라는 흔하면서도 감미롭다. 그 향을 어디에 가져다 두어도 안 어울리기가 어렵다. 커피잔 안에 깔리는 크레마는 난로 앞에서 덮었던 담요 같다. 푸근함이 달달하다. 다 마시고 난 후에도 아직도 하얀 잔 안에서 떠나지 못한다. 다시 바닐라라테를 마신다면 가슴 속 깊게 안아줄 생각이다. 그때 찻잔에 남겨두고 자리를 떠나서 미안하다고 속삭일 거다.

요즘은 콘 파나를 선호하고 있다. 에스프레소 위에 휘핑크림이 올라간 음료이다. 짙은 쓴맛이 먼저 오고 그 뒤로 부드럽고 달콤함이 느껴진다. 어제는 한국으로 돌아오지 않은 채 타지에서 혼자 유학 중인 친구에게 연락이 왔다. 우주 안에 혼자 떠 있는 것 같다고 한다. 행복만을 가진 사람이 어디 있냐고 대답해준다. 가끔 느껴지는 소소한 행복으로 사는 거 아니냐고 말이다. 커피는 여전히 쓰지만, 별문제 없는 표정으로 마실 수 있게 되는 나이가 되어간다. 우주도 별문제 없기를 바란다.

커피를 쏟으러 밖으로 나선다. 오늘 밤은 어디서 잠들지 모르겠다.

*

간혹 크레마를 은하수로 착각하는데
별과 별 사이가 아주 가까이 있다고 망각한다

손끝으로 찻잔을 휘우듬히 따라가 보지만
제자리로 돌아오는 동그라미이다
내가 좇을 넋이거늘
바라보는 것만으로도 잠이 움틀 한다

하얀 천이 검붉게 물들면
씻을 수 없는 밤이 찾아온다
별과 어둠이 깍지 끼는 날이면
커피를 쏟으러 밖으로 나선다

2:2:2

커피와 인연은 열일곱 살부터였다. 고등학교 본관 로비에 커피 자판기가 있었는데 여고생들의 당 보충을 책임져주는 든든한 존재였다. 하루에 세 번, 무슨 의식을 치르는 것처럼 자판기 앞을 오고 가며 커피 들이붓기에 바빴다. 아침이니까 한 잔, 점심 먹었으니까 한 잔, 오후에 졸리니까 한 잔. 그 기운으로 야자시간을 버틴 게 아닌가 싶다.

자판기 커피 맛의 그 환상적인 조합은 어디를 가나 다 비슷한 건 아니었다. 첫 경험의 달달함과 고소함. 그 잊을 수 없는 강력한 맛은 다른 자판기 커피들을 갈라놓기 시작했다. 도서관이나 병원, 쇼핑몰 등 여타 다수의 자판기 커피들이 예전의 그 커피 맛을 따라올 수 없었기 때문이었다.

슬펐다. 시한부로 맛볼 수 있는 커피라니. 그래서 더 그랬을까. 이 커피 맛을 누릴 수 있는 시간이 얼마 남지 않았다고 생각하니 고등학교 수험생활 하루하루가 어찌나 소중하고 애틋하던지. 오래오래 이 맛을 기억하리라 곱씹으면서 하루에 세 잔씩 꼬박꼬박 마셨다. 그렇게 나는 학교 자판기 커피와 매일 이별을 준비했다.

고등학교 졸업을 하고 카페에 자주 드나들 수 있게 되자, 커피는 더욱 일상이 되었다. 자판기에 투박하게 박혀있던 밀크커피, 설탕 커피, 블랙커피 버튼, 이 세 가지 말고도 커피의 종류가 이렇게나 많이 존재할 수 있다는 사실에 놀랐다. 그리고 어떻게든 예전의 그 맛의 배합을 찾기 위해 무던히도 애를 썼다. 프랜차이즈 카페마다 나와 있는 라떼란 라떼는 다 마셔봤다. 카페라테는 시럽을 따로 추가하지 않으면 단맛이 나지 않기 때문에 시럽을 추가해보기도 하고, '바닐라라테', '카라멜라테'와 같이 처음부터 시럽이 들어가 있는 라떼를 마셔보기도 했다.

'아니야, 아니야. 이건 아니야.'

이 말을 되뇌기를 수십 번, 수백 번. 시즌 한정으로 나오는 메뉴도 마셔보고 시중에 출시되는 믹스 커피가 설마 비슷한 맛일까 싶어서 빨간색 오리지널 맥심부터 테이스터스 초이스, 맥스웰 하우스까지 시음 아닌 시음을 했다. 나는 열일곱의 그 첫 커피의 강렬한 달달함을 찾으려 얼마나 많은 칼로리를 기꺼이 받아들였는가.

자판기 커피의 황금비율 찾기 여정에 지쳐갈 때쯤, 외할머니랑 둘이 오랜만에 집에서 시간을 보내게 되었다. 다니던 대학이 외갓집이랑 가까워서 본가를 떠나 외할머니랑 방을 같이 쓰던 때였다.

삼촌도 외숙모도 동생들도 다 외출하고 조용한 집에서 할머니랑 둘이 뻥튀기를 먹으며 나른한 시간을 보내던 중, 할머니가 물었다.

"할미가 크피 한 잔 타주랴?"

뭔지 모를 자신감이 느껴지는 뉘앙스였다. 기대 반, 호기심 반으로 할머니의 '크피'를 기다렸다. 새하얀 커피잔에 소담스럽게 담긴 커피가 왠지 나와 회포를 풀 준비를 하는 것만 같았다. 뭐지 이 느낌. 조금 긴장한 마음으로 한 모금, 입 안으로 들여보냈다.

"……"

"할머니! 이거 어디 커피야? 어디서 샀어?"

"어디 크피긴…. 알갱이 커피지."

할머니가 말한 알갱이 커피의 정체는 주방에 있었다. 3단 조미료통에 담은 커피, 설탕 그리고 프림.

드디어 찾았다. 그렇게 찾아 헤매던 나의 자판기 커피. 감격스러운 마음으로 할머니에게 비법을 물었다. 마법의 비율은, 바로 2:2:2

그 이후로 할머니랑 같이 마신 커피가 또 얼마나 많았던지. 20년이 지난 지금은 달달한 커피보다 쓴 커피를 더 찾지만, 그때나 지금이나 변함없는 사실은 하루에 세 번 커피를 마신다는 거다.

근데, 아까부터 계속 생각이 나네.

2:2:2….

사이

책장

엽서

커피

오래된 물건

달

포옹

-

오래된 물건

제가 평소에 사용하는 가방, 지갑, 편한 바지는 모두 10년 이상 된 물건이에요. 중학교, 고등학교 때 누군가 선물해 주어서 여전히 사용하고 있죠. 오른손잡이인 덕분에 가방 지퍼의 손잡이는 오른쪽만 헤졌고, 지갑은 색이 볼품없게 변했어요. 편한 바지는 보풀이 일어나다가 어느 순간 보풀마저 다 떨어져 나가 버렸죠. 이렇게 오래된 물건이 있나요? 오랫동안 사용해야만 했던 이유도 있을 것 같아요. 그 물건의 작은 사연을 들려주세요. 이 글쓰기로 그 물건과 더 애틋해지기를 바랄게요.

낚시대 단상

시댁 제사에 다녀온 남편 손에 오래된 낚시용품들이 들려있었다. 내가 하는 낚시가 젊은 시절에 하셨다는 그 플라이 낚시라는 것을 전해 들으신 아버님은, 예전에 쓰던 낚시용품들을 챙겨 보내시며 말씀하셨다고 했다.

"줄 사람이 있어 참 다행이다."

시아버님이 오래전 낚시를 하셨다는 건 알고 있었다. 그때 하셨던 것이 플라이 낚시라고 언뜻 들은 기억이 있지만 귀담아두지 않았었다. 나는 이십여 년 가까이 시댁과 반목했다. 그렇기에 아버님과 직접 낚시 이야기를 나눌 일은 없었다.

마지막으로 시댁에 갔던 오래전, 주차장까지 나와 배웅하던 시아버지가 한마디를 건네셨다.

"네 마음 다 안다."

그날 이후 시댁에 간 것은, 아버님이 돌아가시기 며칠 전이었다. 앞선 시간이 그 어떤 마음으로 쌓였더라도, 마지막 인사를 전하는 것은 당연한 도리였다. 시아버지의 손을 잡고 그저 말했다.

"마음 편히 가지세요. 아버님."

내가 무슨 다른 말을 건넬 수 있었을까. 시아버지의 마른 장작 같은 손은 병상에 누워있던 엄마를 생각나게 했다. 초점을 맞추기 힘든 눈빛이며, 표정 없이 떨리는 안면근육들이 말하고 있었다. 이제 남은 시간이 얼마 없다는 것을 말이다.

아흔이 가까운 연세의 아버님이 내게 챙겨 보내신 그것들은 젊던 시절에 쓰시던 물건이었다. 사오십 년은 더 된 물건들이니 오래되어도 참 오래된 것이다. 낚싯대를 손에 들고 물가에 선, 젊은 낚시꾼이던 시절의 아버님을 잠시 상상했다.

당당하고, 빛나던 젊은 시절. 흐르는 물가에서 함께 했을 그 낚싯대를 쓰다듬어 보았다. 귀를 대면 바닷소리가 들리는 소라고둥처럼, 어쩐지 낚싯대에서 힘차게 포말이 부서지는 계곡 물소리가 들릴 것도 같았다. 햇빛에 반짝이는 물비늘이 지문처럼 남아 있는 듯한 느낌이 들기도 했다.

그해 가을, 시아버지의 오래된 낚싯대를 가지고 계곡에서 무지개송어를 낚았다. 몇십 년 만에 물가에 나왔을 그 낚싯대를 들고, 계곡을 거슬러 올랐다. 미끼를 물고, 낚싯바늘에 걸린 송어가 펄쩍 펄쩍 뛰었다. 날것으로 살아있는 송어의 생명력이 낚싯줄을 타고, 한껏 휘어진 낚싯대를 타고 내 손에 전해졌다.

오래 낚시를 해온 낚시꾼들조차 그 브랜드를 알지 못해 신기해하며 구경했다. 그중 일행 하나가 낚싯대를 이리저리 보다가 혼잣말처럼 말했다.
"줄 사람이 있으니 얼마나 좋으셨겠어요."
그때, 그 오랜 낚싯대를 남편 손에 챙겨 보내시며 전하셨다는 아버님의 말씀을 떠올렸다.
'줄 사람이 있어 참 다행이다.'

장례를 치르며 시어머니가 그 낚싯대 이야기를 꺼냈다. 아끼던 거라 버리지도 못하고 있던 그 오래된 물건을, 이제야 줄 사람이 있다며 무척 좋아하셨다고 했다. 나도 덤덤하게 웃으며 대답했다.
"그 낚싯대로 송어를 여러 마리 잡았어요."
그리고 영정 속 시아버님을 오래 바라보았다.
'내가 너의 맘을 안다.'라고 하신 그 한마디를 가끔 생각했다. 그 말을 의심하지는 않았다. 적어도 그 순간의 마음은 진심이었을 것이라 믿는다.
마지막 인사를 드리고 돌아설 때, 생의 남은 기운을 모두 끌어모은 듯 힘겹게 나를 부르던 그 목소리를 떠올리기도 한다. 지금도 가끔 그분을 생각하는 그 순간의 내 마음도, 마찬가지로 진심인 것이다.

세월이 많이 지나고, 그만큼의 나이를 더 먹었다고 해서 더 많은 것을 이해할 수 있는 폭넓은 사람이 되진 못했다. 다만 이제는, 타인을 완전히 이해하는 것은 불가능하며, 마찬가지로 완전히 이해받을 수도 없다는 것을 어렴풋이 받아들일 줄은 알게 되었다. 같은 하나라고 해도, 바라보는 방향에 따라 달라지는 무수히 많은 형태와 그림자를 갖는 것이니 말이다. 생각이 여기에 다다른 이후엔, 오히려 날 선 마음 끝이 무뎌지고 편해졌다.

　그러니 또 다른 방향에서, 다른 빛 아래 우리가 마주했더라면, 새로운 모습의 그분을 볼 수 있었을지도 모르겠다. 아마도 여전히 삶을 공감할 수는 없었을 것이다. 하지만 봄이 오는 이맘때쯤엔, 어쩌면 계곡의 무지개송어 이야기쯤은 함께 나눌 수 있었을지도 모른다는 생각을 잠깐 했다.

손수건에 남은 잔향

　물건에는 추억이 깃든다. 사랑, 우정, 가족, 꿈같은 것들이 기억 속에서는 색을 잃어갈 때 남은 물건들은 꿋꿋하게 그때를 지켜낸다. 시간이 많이 흘러 슬이와 함께 한 기억이 옅어질 때쯤 우연히 편지 상자에서 손수건을 보았다. 남색 바탕에 흰색 선이 사선으로 그어진 체크무늬 손수건. 손수건을 코에 가져다 대어 숨을 크게 들이켰다. 곧바로 열여섯의 나와 슬이를 단숨에 떠올릴 수 있었다. 나와 슬이는 겁 없이 무지갯빛 세상에 뛰어들었다. 서로를 통해서 그녀를 사랑할 수 있음을 알았다. 감정에 충실했던 우리는 그때 여름을 함께하며 평범하게 사랑했다. 그때 우리가 썼던 손수건에는 짙은 향이 사라지지 않고 그대로 남아있다.

　친구인 슬이를 향한 마음에 혼란스러운 하루를 보낸 어느 날이었다. 그날도 슬이의 다정함과 장난스러움, 예뻐 보이는 이름과 마음을 뒤흔드는 목소리가 나를 아프게 했다. 학교를 마치고 방에 숨어서 소리 내어 울었다. 모두 쏟아냈다.

엄마가 문을 열고 들어와서는 물었다.

"뭐야? 무슨 일이야? 왜 울고 있어?"

나는 입을 앙다문 채 고개를 저었다.

"괜찮으니까 말해. 들어줄게. 무슨 일인데?"

"좋아하는 사람이 생겼어."

"그게 울 일이야?"

"응, 아마도."

엄마와 나는 조용해졌다. 슬쩍 고개를 들어서 엄마의 표정을 살폈다. 확실히 뭔가 눈치챈 기색이었다. 순간 겁이 났다. 원래 어릴 때 한 번씩 그런다고. 다 지나갈 일이라고. 그냥 네가 유독 아끼는 친구일 뿐이라고 하는 말에 안심하면서도 다 지나갈 쉬운 마음이 아닌 것 같아서 무서웠다. 다음날에도, 몇 주 뒤에도, 몇 달 뒤에도 슬이를 향한 마음은 지나가지 않고 변함없었다. 아니 더 커져만 갔다. 시간이 흘러 7월 중순이 되었을 때 슬이가 젖은 손을 닦아야 한다며 내게서 손수건을 빌렸다. 깨끗하게 빨아서 돌려준다는 말에 알겠다고 답했다. 다음날 돌려받은 손수건에서 슬이의 향이 났다. 흔한 섬유유연제 향이었는데 그때는 슬이만의 향이라고 생각했다. 손수건을 받아서 교실로 돌아가는데 빨개진 얼굴에 미소가 어렸다. 웃음이 났다. 이 손수건만 있으면 언제 어디서든 슬이를 떠올릴 수 있을 거 같아서. 그날 밤 어김없이 슬이와 통화하며 평소처럼 대화를 주고받는데 책상 위에 접어 둔 손수건에 시선이 닿았다.

"손수건에서 네 향이 나."

"그게 무슨 향인데?"

"음. 말로 설명하기는 어려워. 그냥 맡으면 네 생각이 나."

잠깐의 정적이 흘렀다.

"나중에 또 빌려야겠다. 그러니까 향 날아가는 거 겁난다고 아껴두지 마. 그냥 써."

슬이의 말을 듣다가 알 수 없는 용기가 생겼다.

"너는 원래 친구랑 매일 연락하고, 전화하면서 잠들고 그래?"

"지금 너랑 그러잖아. 그게 왜?"

"나 할 말이 있는데."

"응, 뭔데?"

베개를 가슴팍에 안고 엎드려 있다가 벌떡 일어나 앉았다. 잠깐 망설이다가 눈을 꽉 감고 말했다.

"많이 좋아해. 친구로 말고."

"응? 그럴 수 있어?"

"잘 모르겠지만 내 마음이 그래. 내일 보자."

다음날 우리는 겁 없이 손을 잡았다.

8월의 초, 슬이네 집에 자주 놀러 갔다. 슬이는 건축가이신 아버지께서 직접 지은 집에 살았다. 통나무로 된 2층의 큰 주택이었다. 운동장만큼이나 넓었다. 슬이 방은 2층 복도 끝에 있었다. 창문을 열면 초록색 풀밭이 보였다. 밤에 침대에 누우면 창문에서 귀뚜라미 같은 작은 생명의 소리가 잔잔하게 울려 퍼졌고, 아침에는 새가 밝고 맑은소리로 울었다. 우리는 가벼운 옷차림과 꾀죄죄한 얼굴로 시골길을 걸었다. 마주 잡은 두 손에 땀이 가득 차 끈적였지만 놓지 않았다. 우리는 너무나도 평범했다. 떡볶이를 사 먹고 만화방에서 만화를 보고 유행하는 음악을 함께 들으며 둘만의 비밀을 지켜나갔다. 손수건 하나에 우리가 함께 한 시간이 녹아 있다. 열여섯의 우리. 유독 뜨거운 여름이었다.

○○산업 신입사원 공채모집 면접실

승주는 긴장감을 감추지 않았다. 약간은 들뜬 감도 있었다. 이번엔 꼭 될 수 있다는 자신감이 압도적으로 컸다. 내일 있을 최종 면접만 잘 넘긴다면 3년간의 취준생활도 영원히 바이바이였다. 승주는 이미 다년간의 취업 실패를 겪어왔기 때문에 불안감과 같은 부정적인 감정 따위는 별로 중요치 않다고 생각했다. 승주가 떨어진 크고 작은 기업만 합쳐도, 아마 나중에 크라우드펀딩에서 〈나만의 취업 노하우〉를 판매해도 꽤 짭짤한 수익을 벌어들일 수 있을 정도였다.

이러한 각고의 노력 끝에 원하는 결과를 조금씩 이룰 수 있었다. 스터디 그룹과 함께 기업분석을 하고 모의 면접 연습을 했던, 불안과 비참의 순간들이 점차 사라져갔다. 승주 혼자만의 힘으로 이루어낸 결과, 업계 내 최고의 대기업에 n차의 합격을 할 수 있었다. 스터디 그룹원들이 승주가 유독 면접 때 딕션이 약한 것 같다고 지적했던 것들이나 이러저러한 고충들을 떠올리자면 비웃음밖에 나오지 않았다. 승주는 여유 있게 1차 서류전형을 통과했다. ○○산업은 전통적인 영업 방식을 추구하면서도, 대외적으로는 개방적이고 상당히 트렌디한 것처럼 포장하는 분위기를 가지고 있었다. 그런 허와 실을, 서류를 접할 이들이 기분 나쁘지 않을 만큼 적절히 꾸며서 버무릴 수 있는 능력이 승주에겐 있었다. 승주는 말에 관해서는 점수를 덜 딸지언정 글에 관해서는 나름 자신이 있었다.

 1차 합격 후, 실무자들과의 면접으로 이루어진 2차 전형에서는 운 좋게도 양옆의 면접자들이 덜떨어진 소리를 해대는 통에 자연스럽게 합격할 수 있었다. 자기소개 및 지원동기 외에 ○○산업이 올해 성장하고자 했던 텅스텐 사업이 물가상승과 원자재 보급 문제 등 여러 이슈들로 인해, 오히려 매출이 5% 하락했는데 이를 해외 주력업체와 연계하여 어떻게 극복할 수 있는지 면접자의 경력에 기반하여 대답해보라는 게 바로 난제였다. 실은 ○○산업이 주력했던 사업 분야는 그런 쪽이 아니라 토목과 플랜트였기에 승주와 함께 면접실에서 떨고 있던 3명의 면접자들은 그야말로 절었다. 승주는 다년간의 면접 경험을 기반으로 현 산업 동향과 더불어 해외 동향, 미리 알아봐 둔 업체들의 주력 사업, 연결고리, 단기적 혹은 장기적인 이익과 이를 목표로 하게 될 때의 한계와 극복 방안 등을 약간의 숫자와 짜깁기를 하여 나불나불 토해냈다. 하품이 나오려던 걸 꾹꾹 참고 코를 벌렁거리던 면접관들은 한순간에 승주 쪽으로 시선을 기울였다.

승리는 온전히 승주만의 것이었다. 당연하게도, 승주는 면접에 합격했다. 승주는 이제 3차 최종 면접만을 남기고 있었다. 오랜만의 최종 면접 자리라 떨리기도 하고 설레기도 한 애매한 기분에 잠을 조금 설치긴 했지만, 컨디션은 제법 괜찮았다.

아침 6시. 아직은 서늘한 새벽의 공기를 짙게 들이마시며, 승주의 눈이 떠졌다. 승주는 기지개를 켜며 오늘은 좋은 날이 될 거라고 스스로에게 말했다. 어지러운 얼굴을 말갛게 씻어낸 뒤, 장롱을 열자 전형적인 면접용 정장이 모습을 드러냈다. 정장을 입은 승주가 거울 앞에서 이리저리 살펴봤지만, 여러 날의 면접을 거쳐온 터라 낡은 티는 어찌할 수가 없었다. 바닥에 굴러다니던 돌돌이로 자켓 팔꿈치에 묻은 먼지를 쓱쓱 긁어냈다. 승주는 거울 속의 번듯한 모습으로, 조만간 ○○산업에서 일할 수 있을 거라 다짐했다. 정답고 유쾌한 웃음이 승주의 입술에 걸렸다.

"대기자 이승주 님, 들어가실 게요."

마침내 승주의 시간이 되었다. 승주는 여느 때보다 더 긴장된 목을 큼큼하고 다듬었다. 잘하자, 잘하자, 잘하자. 딱 세 번의 되뇜이 문득 솟아나는 자신감을 다독였다.

면접실의 육중한 문이 열렸다.

"안녕하십니까!"

늘 그렇듯 당당한 일꾼이라는 태도와 표정으로 승주가 발을 디뎠다. 승주의 미소와는 무색하게, 면접관들은 지루하고 냉담한 표정으로 승주의 아래위를 훑었다. 어떤 이는 책상에 놓인 승주에 대한 서류에서 아예 눈을 뗄 생각도 않았다. 또 다른 이는 고개만 살짝이 끄덕였다. 적당한 예의, 적당한 긴장감, 적당한 면접. 승주의 간절함보다 그들의 적당함들에 더 무게가 실린 듯 보였다.

"앉으세요."

"넵. 감사합니다."

"자기소개해 보세요."

"네, 저는…."

승주 나름껏 임팩트 있는 자기소개를 끝냈다. 승주는 자신에게 승산이 있는지 아니, 남았는지 살펴보려고 면접관들의 낯빛을 살폈다. 승주가 볼 때는 그래도 실죽이는 면접관들이 보이긴 했지만, 대체적으로는 한 귀로 듣고 한 귀로 흘린 분위기였다. 이어서 면접관들의 몇몇 질문공격과 승주의 방어전이 시작됐다. 면접관들의 맹공은 아주 강렬했지만, 취준생 3년 짬을 먹은 승주도 만만치는 않았다. 승주의 디펜스는 상당히 논리적이고 타당했으며, 굉장히 날렵했디. 이제서야 면접관들도 승주의 얼굴을 보면서 슬쩍이 웃음을 내비쳤다.

'됐다!'라고 속으로 쾌재를 지를 때가 왔다. 이전에 승주가 2차 면접에서 떨어졌던 곳이, 마침 ○○산업의 경쟁사였다. 경쟁사에 붙기 위해서 각종 자료를 분석하고 공부한 것이 ○○산업 면접에서 매우 유용하게 쓰일 줄이야. ○○산업의 전망에 대해 경쟁사의 자료를 빗대어 설명하고 어쩌고저쩌고한 끝에 결국 ○○산업의 비전은 유망할 것이라고 방점을 찍었다. 긴장감보다는 여유와 위트가 점차 고개를 들었다.

"승주 씨는 준비를 많이 한 것 같네요. 또 할 말이 있습니까?"

이런 멘트는 면접 시, 단골로 등장하는 말이기도 하지만 어찌 보면 '너 붙여줄 테니까 하고 싶은 거 있으면 맘껏 해봐.'하고 멍석을 깔아준 것이나 다름없었다. 승주는 오버하고 싶었다. 이번처럼 감이 다른 때가 앞으로도 흔치 않을 것이다. 지금 입고 있는 낡은 정장 대신 번듯한 수트, 그러니까 좀 그럴듯한 브랜드에서 그럴듯한 옷을 사 입고 당당히 출근할 것이다. 합격하면 다다음주 월요일부터 바로 출근이었다.

승주는 두 무릎 위로 두 주먹을 말아 쥐었던 걸 굳이 공중으로 흔들어 재꼈다. 열심을 표현하고자 한 일종의 의지였다.

"○○산업에 대해 기업 분석을 하면서…."

서두가 시작되기 무섭게 어디선가 뿌드득 하는 마찰음이 일어났다. 승주는 모른 척 짚어 넘기며 자신의 말을 끝까지 이어갔다. 그렇게 냉담하던 면접관들은 마침내 표정을 풀어버렸다. 뿌드득하는 소리는 승주가 흔든 주먹 탓에 부욱 찢겨버린 재킷의 왼쪽 팔꿈치에서 나는 것이었다. 분위기가 이상하다고 생각했지만, 분위기 따위는 승주의 결연함을 막지 못했다. 다시 한번 승주의 굳은 의지를 주먹다짐으로 보였을 때, 그의 비주얼은 아주 처참했다. 이번엔 반대로 오른쪽 팔꿈치가 위에서 아래로, 자로 잰 듯이 찢기어 버렸다.

승주는 자신의 면접이 망했다는 걸 직감했다. 자신감과 패기가 과도한 게 어쩌면 이들로 하여금 각인될 수 있는 큰 동기가 되지 않을까 싶다가도, 이런 생각은 실패에 대한 자기 합리화뿐이라는 걸 어쩔 수 없다는 생각도 들었다. 양가감정이 한순간에 지나치면서 얼굴이 새빨개진 승주가 급하게 자리에서 일어났다. 면접관들도 적잖이 당황한 눈치였다.

"안녕히 계십시오! 감사합니다!"

승주의 당황스러움이 면접실을 쩌렁쩌렁하게 울리는 괴성으로 드러났다. 승주가 90도로 굽혀 인사를 하자 다시 한번 부욱- 하고 찢기는 소리가 났다. '아, 이번에는 어디가 또 뜯긴 거야.' 하는 생각이 줄어들기도 전에, 뒤에 서 있던 면접 도우미가 '풉!'하고 웃음을 참지 못했다. 이번엔 승주의 바지가 쫙 찢어지면서 그의 속옷이 세상 밖으로 드러났다. 승주는 재빠르게 엉덩이를 두 손으로 가렸다. 그리고 아직 면접이 끝났다는 말도 끝나기 전에 문 쪽으로 슬금슬금 뒷걸음질 쳤다. 입은 공손하게 웃고 있었지만, 눈은 잔뜩 울고 있었다.

"아직 면접 안 끝났는데?"

면섭관 히나가 익삼스럽게 말을 했다.

"안녕히 계십시오!"

승주는 당차게 말을 하면서 문밖으로 총총 나갔다.

아침 6시. 오늘은 면접이 없었지만, 승주는 여전히 새벽의 공기를 맛보며 눈을 떴다. 승주는 머리맡에 굴러다니던 핸드폰을 잡아들고 습관처럼 채용정보 사이트를 로그인했다. 사이트 메인에 ○○산업의 추가 채용공고가 떠 있었다. 승주는 자신을 보고 웃던 면접관들의 표정을 떠올렸다. 낡아빠지고 찢어진 정장은, 아직 꿰매지지 못한 채 장롱에 걸려있던 터였다. 승주는 얼른 액정을 꺼버리고 이불 옆으로 핸드폰을 집어 던졌다. 승주는 핸드폰을 던진 반대로 등을 돌리며 눈을 감았다. 핸드폰에 알람음 하나가 울렸지만, 굳이 확인할 생각이 없어 보였다. 승주는 오늘 하루만 ○○산업에서 벗어나 보자 라고 생각했다.

승주의 등 뒤로 핸드폰의 알람이 잠깐 비쳤다가, 다시 가라앉았다.

[이승주 님, ○○산업의 최종 면접에 합격하셨음을 알려드립니다. 신입사원 교육 및 워크숍 일정 안내 OT일정은 다음과 같습니다….]

시간이 지나도 기다리는 것들

 늘 본가에 가면 버리지 못한 물건들이 거실을 차지하고 있다. 물건을 잘 버리지 못하는 엄마의 성격 덕분인지 우리 집에서 오래된 물건을 찾기란 아주 쉬운 일이었다. 시간이 지나고, 남아있는 물건은 자연스럽게 오래된 물건이 된다. 생각보다 오래된 물건의 이름을 가진 것들은 주위에 흔하게 널려있음이, 나에겐 자연스러운 일이었다.

 그러던 어느 날, 무슨 바람이 불었는지 엄마는 거실 한가득 장식하던 물건 대부분을 싹 다 쓸어버렸다.
"무슨 일이야?"
횅하게 깔끔해진 풍경에 놀란 내가 물었다.
"엄마 마음 같아서."

그 한마디를 끝으로 엄마는 등을 돌렸다. 아빠에게 핀잔이라도 받은 걸까, 어깨를 으쓱인 내게 그녀는 나지막이 읊조렸다.

"복잡하게 살지 말고, 너도 버릴 건 버리고 살아."

물건을 잘 버리지 못하는 엄마의 성격을 그대로 닮은 나 또한 물건들을 잔뜩 쌓아놓기 일쑤였다. 그 말을 들었을 땐 정작 아무것도 버리지 못했는데, 조금씩 버리고 정리하자는 요즘이 되니 새삼스레 그때의 기억이 떠올랐다.

이것저것 버리려니 막막함이 앞선다. 늘 우리 집에 오면 잔소리부터 늘어놓던 친구들이, 지금의 나를 보면 얼마나 의외라고 떠들어댈지. 사실 이렇게 정리한다 해도 그들의 눈엔 차지 않을 게 뻔했지만 아무렴 어떤가, 시작을 했다는 게 중요한 법인데. 아무튼 마음먹었으니 커다란 쓰레기 봉지부터 펼쳐 들었다. 이미 쓰지 않는 물건과 읽지 않아 고루한 먼지가 쌓여있는 책. 언젠간 쓰겠지 하며 모아뒀던 자투리 종이, 작고 귀엽고 소중하지만 쓸모없는 것들까지. 이런 건 왜 산 거지? 정리하다 말고 드문드문 김빠진 웃음이 흘러나온다. 하나씩 하나씩 정리하다 보니, 데구루루. 낯익은 볼펜 하나가 굴러떨어졌다.

각이 진 볼펜에 있던 무늬는 희미해져 이젠 형체를 알아볼 수도 없고, 이미 다 써버린 잉크는 더 이상 나오지 않는다. 그런데도 그 펜을 주워 제자리에 다시 고이 꽂아뒀다. 나는 늘 이 펜을 잡고 굴리고 또 굴리며 생각을 정리하곤 했다. 나의 손끝 가장 가까이에 있었고 아주 오래된 물건 하나. 오래전, 친한 친구 하나는 이 펜을 내밀며 말했다. 너는 좋은 작가가 될 거야, 이걸로 좋은 글 많이 써줘. 그 친구가 준 마지막 선물, 내게 아주 오래된 물건이었다.

성지와는 처음부터 친했던 사이가 아니었다. 고등학교 시절, 우리들의 감정들은 너무나 무수했다. 말괄량이다운 감정들이 다양했고, 쉽게 휩쓸리기도 하던 시절. 무리 지어 다니는 것들을 당연시했고, 어쩌다 그 무리에 끼지 못해 밀려나기도 했다. 그때가 우리 두 사람이 친해지기 시작한 시점이었다. 친구들 사이를 겉도는 그녀의 모습이 조금 안쓰러워, 그녀를 챙기기 시작했고. 지금 생각해보면 내가 뭐라고 그녀를 안쓰럽게 여겼던지 부끄러울 정도지만, 그때의 내가 내 나름대로 마음을 쓴 행동이었다. 친구 관계에 많은 스트레스와 고민이 많던 그녀는 다시 잘 웃기 시작했고, 성지와 나는 그때부터 조금씩 더 친해졌다.

한번은 처음으로 성지와 둘이서 시내로 놀러 간 적이 있었는데, 그날 그녀는 정말 크게 들떠 있었다. 그 시절 시내 한복판에서 가장 유명했던 떡볶이집에서 밥을 먹는데 어찌나 행복해하면서 먹던지.
"그렇게 맛있어?"
물으니 격하게 고개를 끄덕였다.
"진짜 같이 먹으니까 너무 맛있어."
그 어느 때보다 밝은 표정으로 웃었던 친구. 십여 년이 지난 지금에도 그녀의 표정은 아주 또렷하고 선명하게 기억이 난다.

"다음에 또 시내 와서 놀자."

"언제?"

성지는 눈을 반짝이며 크게 좋아했다. 돌이켜보건대, 그날 그녀의 눈빛은 다른 날보다 가장 크게 반짝였었다.

하지만 후에 나는 부득이한 일로 인해 약속 날짜를 한주 연기했다. 미안하다는 내게 성지는 괜찮다며, 다음 주엔 꼭 같이 가는 거라고 강조했다. 당연하다며 고개를 끄덕인 나는 결국 크게 후회했다. 갑자기 그녀가, 아주 멀리. 저 멀리 떠나가고 말았다.

고등학교 겨울방학 보충 수업 마지막 날, 딱 하루가 지나면 완연한 방학이 시작되는 시점이었다. 기온이 떨어져 눈이 아주 많이 내리던 하얀 날, 학부모들이 돈을 모아 운영해 오던 통학버스 한 대가 유난히 늦어지고 있었다. 전에도 자주 있던 일인지라 먼저 도착한 친구들은 대수롭지 않게 여긴 채 자습에 들어갔다. 교실 안은 다른 날과 다름없이 평온했고, 따분하게 하품 소리와 함께 늦는 친구들이 부럽다는 팬스러운 소리도 들려왔다. 그리고 한참 뒤, 몰래 핸드폰을 보던 누군가가 소리를 외쳤다.

"스쿨버스 사고 났다는데?"

한순간에 교실이 소란스러워지기 시작했다. 인터넷엔 벌써 기사가 올라오고 있었다. 처음엔 우리 학년이 아니다, 그러다가 또

맞다는 둥. 혼란스러움을 틈타, 무서운 마음에 엄마에게 문자를 보냈다. 수송된 병원에 지인이 있다던 엄마에게선 금방 다시 전화가 걸려 왔다. 두 사람이 세상을 떠났고, 그 두 사람의 이름을 불러줬다. 들려온 이름 석 자. 눈앞이 아득해지고 나지 않는 실감에 머릿속이 멍해졌다. 어느덧 주변 곳곳에선 울음소리가 들려오기 시작했다. 내 귓가로 들린 이름 중 하나는 바로 성지의 이름이었다.

난생처음으로 장례식장에 들어섰다, 그것도 친한 친구의 장례식에. 차가운 빈소에는 울음소리가 가득했고 새하얀 꽃들로 가득 차 있었다. 작은 문턱을 넘어 걸어간 곳엔 성지가 웃고 있었다. 검은 테두리 액자 안에서 평소같이 환한 웃음을 지은 채로. 틀어나오는 울음을 겨우 손으로 막고 한참을 울었다. 고개를 떨군 채 한참을 그렇게 울었다. 열여덟을 지나 열아홉이 되던 해. 가장 예쁜 나이에 친구는, 그렇게 갑자기 우리 곁을 떠나가 버린 것이다.

가끔 생각한다. 내가 그 약속 날짜를 미루지 않았더라면, 그렇게 좋아하던 떡볶이를 한 번 더 같이 먹을 수 있지 않았을까. 더 많이 놀러 다닐 걸, 더 많이 놀러 다닐걸. 그 시절, 더 친하고 덜 친하고의 몹쓸 기준 뒤 가끔 그녀를 서운케 만든 적도 있었다. 그러지 말걸. 모든 건 지나고 나서 밀려드는 후회였다. 이미 아무것도 돌이키지도 못하는 때가 와야, 바보같이 후회에 잠긴다.

한참을 슬퍼하다가도, 산 사람은 살아간다고. 떠나버린 친구의 몫만큼 더 열심히 살아가겠다는 다짐으로 살았다. 매일 친구를 생각하진 못했다. 잘 살아가다 보면 나중에 만나, 다시 이야기할 날이 올 테니까. 가장 예쁜 나이, 예쁜 교복을 입고 만날 친구를 생각하니 나만 나이를 먹는 것 같은 생각도 든다. 지금까지 내가 사는 모습을 모두 보고 있을 거란 생각을 하면 우습기도 했다. 다시 만날 날에 넌 얼마나 웃으며 내게 핀잔을 내밀까.

생각해보니 올해가 그녀가 떠나간 지 딱 십 년, 십 년이 되는 해다. 그녀가 준 볼펜은 이미 다 쓰고 없지만, 십 년째 내 손이 닿는 가까운 곳에서 조용한 도움을 주고 있다. 그 도움만큼이나 내가 잘 살아가고 있는지 잘 모르겠지만. 그래도 다음 만날 날에 부끄러운 모습이 되지 않아야지 하는 마음으로 오늘도, 내일도 열심히 살아가겠다고, 괜히 촌스러운 다짐을 해본다.

다시 만나는 날엔 할 이야기들이 아주, 참 많을 것 같다.

- 사이
- 책장
- 엽서
- 커피
- 오래된 물건
- **달**
- 포옹
- -

달

　어릴 때 소원을 들어주던 달은 어느 순간 위로를 건네주네요. 우리가 늘 바라볼 수 있는 것 중에 달만큼 위로를 주는 것이 또 있을까요? 매일 볼 수 있는 모양은 바뀌어도 마음만큼은 바뀌지 않는 달. 더 작은 별이 옆에서 빛나도 언제나 시선 안에 자리를 지켜주는 달. 달이 건네준 위로를 듣고 싶습니다.

달을 보러 가는 시간

"나온나, 달 보러 가구로."

어린 시절, 내가 가장 즐겁고 좋아하는 시간이 돌아왔다는 신호. 이리저리 헤지고 부서진 시멘트 바닥 옥상, 그리고 버려진 철제조각을 이어 붙여 만든 침대 틀. 풀벌레 소리 사이로 바스락거리는 삼베 이불과 둥글게 피어오르는 모기향. 그리고 커다란 모기장이 전부였던. 그 속엔 나란히 누워있는 어린 손녀와 손자 그리고 눈가에 세월의 흔적을 가득 담은 할아버지 모습이 보인다. 깊은 산골 온 주변은 캄캄한 어둠으로 가득한데, 하늘엔 환한 달 하나가 둥글게 떠 있었다.

"오늘은 무슨 달이고."

"초승달!"

민머리에 까슬거리는 할아버지의 머리를 만지작거리던 손녀가 소리친다. 빼곡하게 들리는 매미 소리와 한낮의 더위가 물러간 어느 여름날의 밤. 외할아버지는 매일이 아니더라도, 이틀에 한 번은 꼭 그 어린 손주들과 함께 달을 보러 옥상에 올랐다. 어렸던 나는 달은 다 같은 달인 줄만 알았지, 달에 이름이 있는 줄 어찌 알았을까. 나는 그렇게 달과 친해지기 시작했다.

맨 처음, 달을 보러 가자는 이야기에 나는 입술을 삐죽였다.
"달이 달이지, 뭐 볼 거 있는데요."
걸쭉한 사투리로 핀잔 어린 말을 뱉자, 외할아버지는 말없이 옥상 계단을 오르기 시작했다. 늘 무뚝뚝했던 외할아버지의 갑작스러운 제안이 낯설기도 했지만, 결국 외할머니의 등 떠미는 성화에 결국 뒤를 따랐다. 조막만 한 동생의 손을 잡고, 제 다리보다 높은 옥상 계단을 힘겹게 따라 올랐다.

탑이 있던 마을이라 해서 붙여진 이름 탑마을. 우리 집은 마을의 가장 높은 곳에 있었다. 탁 트인 전경과 시원하게 부는 산바람. 자전거를 끌고 땀을 뻘뻘 흘리고서 돌아올 때면 이런 곳에 집을 지은 외할아버지를 늘 원망하곤 했다. 하지만 나름의 정상을 찍은 뒤에 부는 바람은 맞을 때면 결국 배시시 웃음을 흘리고야 만다. 그때의 기억은 지금 돌이켜봐도 가장 그리운 기억으로 남아있다.

그런 곳에 집이 있던 덕분일까, 우리 집 옥상에 올라설 때면 온 마을의 전경이 한눈에 다 보였다. 어떤 차들이 지나가는지, 깨를 터는 집, 마른 가지를 태우는 집, 불이 꺼진 집, 불이 켜진 집, 경운기가 탈탈탈 거리며 달리는 소리까지. 그날도 여기서 바라보는 탁트인 풍경이 유난히 신기했던 건지, 아니면 위험하다 늘 오르지 말라 했던 금기 같은 옥상에 올라 신이 났던 건지. 아무튼 한참이나 그 옥상 난간에 붙어 떨어질 줄을 몰랐다. 그리곤 까슬거리는 삼베 이불 위에 누운 외할아버지의 모습에 나 또한 동생과 함께 나란히 붙어 누웠다.

"할부지, 달 떴어요."

"오야, 저게 무슨 달이는지 아나."

"그냥, 달 아니에요?"

"니는 이름이 있는데, 쟈라고 왜 이름이 없을 거 같나."

"진짜요? 이름이 있다고요?"

외할아버지의 성격은 돌이켜보던데 다정다감이라든지, 나긋함과는 거리가 멀었다. 굳이 말하자면 태산같이 무서운 호랑이 같은 분. 그래서 이렇게 함께하는 시간은 흔하지 않았고 그만큼이나 낯선 경험이었다. 혼이 나기만 했지, 같이 누워서 이야기한다는 건 상상조차 할 수 없었을 정도. 그래서인지 우리 남매에겐 그 시간이 참으로 새로웠고, 점점 그 시간을 기다리게 되었다. 들려오는 음성이 낯선 이에겐 다정하다 느껴지지 않겠지만, 어렸던 나와 동생에겐 그 어느 때보다 자상하고 다정한 목소리였다.

"저건 무슨 달이고."

"상현달!"

"상현달이 뭐라캣노."

"점점 차오르는 달!"

그날부터 밤마다 달을 보러 올라왔다. 외할아버진 달 모양에 대해 설명을 해주기 시작했고, 언제부턴가 우리는 달 이름을 하나하나를 다 외우고 있었다. 까르르까르르 즐거운 웃음소리가 가득 퍼져나간다. 푹신한 이불이나 매트리스가 있는 좋은 침대는 아니었지만, 녹이 슨 철봉에 겨우 편평한 나무판자 하나를 덧대어 놓은 허름한 자리일 뿐이지만, 그곳은 우리에게 세상에서 가장 행복하고 아늑한 공간이었다.

"할부지, 이거 엄마도 알아요?"

"당연하지, 네 엄마랑 이모도 외할배가 달 보면서 갈켜줬지."

후에 들은 여담으로, 엄마와 이모 또한 여름밤이 되면 늘 자리를 펴고 같은 시간을 보냈다고 했다. 엄마가 보낸 시간을 그의 자식들에게도 들려주고 싶었을까. 무뚝뚝해 표현할 줄 모르고 늘 엄하게만 대할 줄만 알던 외할아버지는 우리를 사랑하는 마음을 그렇게라도 표현하셨던 건지.

시간이 지나 등이 굽고 여위신 외할아버지의 마른 손을 잡고 그때의 이야기를 나눈 적이 있었다. 천천히 지나가는 기억에 지긋

한 미소를 지으시던 모습. 이젠 추억이 되어버리고 만 그 어린 시절로 다시 돌아가고 싶다며 재잘대던 나의 모습이 떠오른다.

다시 갈 수 없는 시간에는 당연한 그리움이 따른다. 그렇기에 추억할 수 있는 것들이 남아있음이란 참 다행스러운 일이었다. 요즘도 나는 외할아버지가 보고 싶을 때면 늘 하늘에 떠 있는 달을 찾는다. 두런두런, 조잘조잘. 어린 시절 그 여름밤의 나처럼 하늘에 대고 쉼 없이 재잘대다 보면 치밀던 그리움이 조금씩은 줄어드는 느낌이다. 한참 작고 어리던 꼬마는 어느덧 외할아버지만큼이나 커다란 키를 가진 어른이 되어있었고, 늘 곁에 있을 것만 같던 외할아버지는 더 이상 곁에 계시지 않지만, 추억할 수 있는 달이 남아있음은 참 감사한 일이다.

그래서 나는 오늘도 달을 보러 나왔다. 그 시절 주변의 쓸쓸한 풀냄새라든지 들려오던 풀벌레 소리는 더는 남아있지 않았지만, 둥글게 떠 있는 저 달만큼은 그 시절 그대로인 유난히 밝은 여름밤이었다.

달이 뜨는 밤에는

 5월이었다. '눈의 대계곡'은 다행히 아직 녹지 않은 채 사람 키의 두세 배는 넘을 듯한 높이로 빙벽을 이루고 있었다. 한겨울의 엄청난 적설량을 가늠할 수 있는 높이였다.

 눈이 많은 고장이라고 했다. 쌓인 눈은 도로를 덮고 그대로 다져진 채 봄을 맞았다. 그렇게 초봄이 되면 GPS를 이용해 눈 속에 파묻혀 사라진 도로를 찾아, 제설해서 뚫어놓는다. 빙벽 사이로 열린 그 길이 바로 '눈의 대계곡'이었다.

 일본 다테야마의 알펜루트를 통과해 눈의 대계곡까지 가는 데엔 버스, 로프웨이, 트롤리버스…. 등등 다양하기도 한 온갖 교통수단을 타야만 했다. 도착한 눈의 대계곡엔 사람들이 많았다. 사람들은 빙벽 사이를 걸었다. 가장 높이 쌓였던 시기를 지났음에도 여전히 엄청난 높이에 사람들은 모두 신기해했다. 일본어, 중국어뿐 아니라 한국어에 영어까지 여러 나라말이 뒤섞였다.

빙하 사이를 걷는 듯한 눈의 대계곡을 더 지나면 구로베 댐이 있었다. 구로베강 상류에 놓인 일본 최대의 수력발전소라고 했다. 눈의 대계곡을 보러 온 사람들은 대부분 그 구로베 댐까지 갔다. 나 역시 또 다른 교통수단을 갈아타며 구로베 댐에 도착했다.

댐의 정상까지 오르려면 꽤 가파른 계단을 한참 오른다. 댐의 벽을 따라붙어 있는 지그재그 모양의 계단을 오르는 사람들이 아주 작게 보였다. 나도 천천히 댐으로 올라갔다. 실내 계단이 아닌 댐 외벽의 철제 계단을 따라 올라갈수록 풍경이 높아지고, 멀어졌으며 또한 넓어졌다. 아득하고, 아찔했다.

중간쯤 올랐을 때 쉼터 광장이 있었다. 구로베 댐의 건설역사가 적혀있는 안내문이며 사진 설명도 있었다. 노부부와 젊은 아들뻘 되는 일행이 그 안내판 앞에 서 있었다. 할아버지는 큰소리로 그 안내판의 내용을 읽었다.

큰 소리로 안내판을 읽고 있는 할아버지에게 자꾸 눈길이 갔다. 왜 굳이 소리 내어 읽을까 했다. 그런데 자세히 보니 할아버지는 할머니에게 읽어주고 있는 것이었다. 할머니가 잘 듣고 있는지 확인하고 있었다. 할아버지는 안내판의 글을 모두 소리 내어 읽은 후 할머니와 함께 발걸음을 옮겼다. 본격적으로 좁아지고 가팔라지는 원형 철계단을 오르기 시작했다. 그 뒤를 젊은이가 조용히 따랐다.

그런데, 할머니는 흰 지팡이로 땅을 짚으며 걷고 계셨다. 설마…? 하는 내 시야에 할머니가 계단을 오르는 모습이 들어왔다. 철계단의 바닥엔 둥근 구멍들이 숭숭 뚫려 있었는데, 할머니는 흰 지팡이를 좌우로 스치듯 바닥을 확인하며 계단을 올랐다. 한 손은 난간을 잡았다. 할아버지는 할머니의 허리에 팔을 두르고, 아들처럼 보이는 젊은이는 할머니 뒤에 바싹 붙어서 뒤따랐다.

그들의 모습은 잠시 충격이었다. 앞이 보이지 않는 사람에게 높은 댐의 정상까지 오르는 것은 어떤 의미가 있을까. 너무 위험하다는 생각이 먼저 들었고, 의미가 있을까 하는 생각은 그 이후였다. 한참 그 일행을 올려다보았다.

얼마 후 나도 계단을 마저 오르기 시작했다. 어느새 멀어진 그들은 다른 사람들에 가려 보이지 않았다. 서 있는 곳은 점점 아찔한 높이로 높아졌다. 막힌 것 없는 외부 계단이었으므로 지나는 바람과 허공이 그대로 전해졌다. 계단을 오르던 나는 혼자서 살짝 눈을 감아보았다. 보이지 않았으므로 두려웠지만, 그 잠깐의 느낌은 사뭇 달랐다. 높은 곳에서 불어와 나를 스치고 지나가는 바람의 소리와 촉감은 더 생생하게 느껴졌던 것이다. 먼저 올라간 그 할머니를 생각했다.

보이지 않는 이에게 높은 곳을 오르는 것이 무슨 의미인가 했었다. 하지만 높은 곳에서 풍경을 보는 것만이 의미 있는 것은 아니었다. 높은 곳에서 부는 바람의 소리, 촉감…. 보이지 않는다고, 느끼지 못하는 것은 아니었으니 말이다.

댐 정상의 레스토랑에서 앉아 맥주를 마셨다. 맥주의 이름이 '구로베의 달'이었다. 여행안내서엔, 구로베 댐의 호수 위에 달이 뜨면 그렇게나 아름답다고 했다. 한동안 멀리 바라보았다. 댐은 방류하지 않았으므로 물보라 사이로 무지개가 뜨는 것은 보지 못하였다. 어둠이 오고, 달이 뜨는 밤까지 있지 않을 것이므로 구로베 호수에 내려앉은 달의 풍경 역시 머릿속에서 한번 떠올려 보며 맥주를 마셨을 뿐이다.

다테야마에서 돌아온 이후 여러 해가 지났다. 보름달이 높게 떠오른 어느 날엔 가끔 구로베 댐을 떠올려 보기도 했다. 그때마다 엄청난 협곡에 놓인 거대한 댐의 위용보다, 시각장애인용 지팡이를 짚고 댐을 오르던 할머니 일행이 먼저 생각났다. 잠깐 눈을 감아보았을 때 느껴지던, 높은 산에서 협곡으로 불어오던 바람의 소리와 밀도가 다시 생생했다.

'구로베 댐 위로 달이 떠오른다. 떠오른 달은 구로베 호수 위로 내려앉는다.'
나 역시도 구로베 호수에 달이 뜬 풍경은 보지 못하였다. 그러니 그 장면은 나에게도 여태껏 느낌으로만 남는다. 보이는 것만이 전부는 아닐 것이다.

달이 핀다, 달을 편다

　달이 피기 좋은 날씨이다. 달이 피는 계절이 오면 왠지 모를 나들이 욕심이 난다. 특히 아직 피어나기 직전의 달이 터지는 모습이라면 당장이라도 양평군 벗고개로 달려간다. 이때 주의해야 할 점이 달에 더 가까워질수록 조명을 낮추고 다가가야 하는 점이다. 달이 놀라서 꺾여버리면 헛일이다. 다가갈수록 향이 천천히 내게 다가온다. 분명 달에게 가고 있지만 마중 나오는 건 달이 먼저다. 그 향은 지구 안에서는 정확히 표현하기 어려운 향인데 순수하게 표현하자면 허브순무 향이라고 지칭하고 싶다. 허브 향이 맴돌지만 후각 점막을 알싸하게 만들면서 마지막은 흙 속에 다붓다붓하게 붙어 숨어있는 박테리아 향 같다. 이 단세포 냄새가 무엇인지 전혀 감을 못 잡는 사람들이 많을 것이다. 하지만 우리는 이것을 알고 있고, 특히 봄비가 내릴 때 더 체감한다. 보통 이것을 흙냄새라고 부르고 있다. 달 씨앗을 구할 수만 있다면 앞마당 사양토에 심어 성의정심 기를 것이다. 새벽에 볼일 보러 갈 때 창문을 통과한 달 향기가 거실 공기와 엉키면 모든 사색에서부터 자유롭게 터져버릴 것이 분명하다. 달맞이할 시간이 다가올 때쯤이면 옷에 걸친 먼지들을 고사 지내는 마음으로 지극정성으로 제거한다. 그리고 달에게 다가간다. 달은 소담스럽게 피어 있다. 잠시 영혼이 널브러지는 걸 깨닫고 흘러 내려가는 부분을 주머니 속에 담아 놓는다. 다행히도 어렸을 때 펭귄들에게 달 사용법을 배워 두었다. 순간적으로 얼려 버리면 달 좌우로 점광원 생긴다. 얼어버린 달이 빛의 굴절에 의해 양쪽으로 분리되며 생기는 현상인데 이를 환월(幻月)이라고 부른다. 마치 달이 분신술을 하는 것 같은 모습이다. 양쪽으로 생긴 점광원을 한 손씩 잡고서 아래쪽으로 끌어당기면 달을 열어 볼 수가 있다. 조심스럽게 달을 펴본다. 아직은 나비가 오지 않은 모양이다. 열린 달 안으로 세 개의 옥구슬 모양 결정체가 고스란히 남아있다. 참을성을 견뎌내지 못하고 하나를 손바닥에 꺼내놓고 이리저리로 굴려 본다. 오래가지 못해 결정체가 명멸하며 빛을 잃어가더니 곧 부풀어 올라 휘늘어진다. 마치 발버둥 치는 모습 같아서 죄책감이 잠시 들었지만 이내 아무렇지 않게 주머니에 넣어 둔다. 물론 영혼에게 옆자리를 양보해달라고 해둔다. 욕심내지 말고 하나면 충분하다. 달을 닫고서는 한 발자국 뒤로 물러난다. 한동안 눈을 감고 눈꺼풀로도 막지 못한 빛을 향유해 본다. 우스갯소리로 달에게 좋아하는 계절과 아껴두는 물건에 대해 속삭여본다. 이제는 너를 덮어 간직할 거라고 전달한다. 뭉근한 불에 이 어둠을 기화시켜 버리고, 현재라는 지금도 서서히 스며들도록 곡진히 말려 버릴 거다. 그리고 가장 추운 날이 오면 그때 104.5℃ 물에 구겨진 시간을 우려내 본다. 달은 차르륵차르륵 쏟아진다. 안녕, 달의 달! 안부를 건넨다. 허밍 소리가 궤를 끼고 구르는데 궤도 밖으로 따스한 바람이 증폭되어 떠난다. 안녕, 내 달아! 마지막 작아지는 음파까지 어루만지며 들이마신다. 고막에서 녹아내리는 파동에 척추 아래까지 붉게 젖어 버린다. 눈을 감고 숨을 차분히 조절해본다. 내 안에서 달이 핀다, 달을 편다. 달 내음을 깊숙이 넣었다가 흙내음을 저 멀리 내뱉는다. 흐드러지게 피었다가 흐트러지게 떨어진 꽃잎처럼 바닥이 벌겋게 익어간다. 재차 달이 피기 전에 비라도 내리면 흙내음 퍼질 것이다. 시간과 어둠과 함께 말이다. 그리고 냄새 끝자락을 붙잡고서 퍼지는 달 내음과 엉켜서.

달이 소담스러워지면
달내음이 마중 나온다

순간 달을 얼리면
결정체가 분산되는데
그때 달을 꺼내 품는다

어둠은 뭉근히 기화시키고
시간을 곡진히 말려낸다
사무치는 한기가 찾아오면
그제야 달을 입 밖으로 내뱉는다

달이 핀다, 달을 편다
차르륵차르륵 달이 쏟아진다

어둠 속에 존재하기

 뜬 눈으로 견디는 밤. 어두운 방에서 검은 천장만 멀뚱히 바라보고 있었다. 곁에 둔 작은 선풍기가 어울리지도 않는 큰소리를 내며 떠드는 게 싫어서 이불을 잽싸게 끌어 올려 옅은 바람과 귀를 막았다. 반복되는 하루를 알리는 아침이 지겨웠고 그 지겨운 하루가 끝나지 않고 끈질기게 이어지는 밤이면 견딜 수 없이 외로웠다. 미운 하루를 빨리 끝내야 해서 미간을 잔뜩 찌푸리며 겨우 눈을 감았다. 몸의 긴장을 풀고 옆으로 돌아눕기를 반복하며 뒤척였다. 약을 먹으면 될 일이었지만 오늘은 그러고 싶지 않았다. 그렇게 계속 뒤척이다 결국 잠드는 일은 잠시 미뤄뒀다. 한쪽 팔로 겨우 몸을 세워 앉았다. 별무늬가 새겨진 파란 암막 커튼 탓인지 티끌만큼의 빛도 새어들지 않아 눈을 감거나 뜨거나 방은 어둡기만 했다. 구부정한 자세로 손을 휘저으며 휴대전화를 찾았다. 시간만 확인하고 잠들기 위해 다시 애쓸 생각이었다. 화면을 켜자 따가운 빛과 함께 네가 보낸 메시지가 눈에 들어왔다. 지인들과 연락을 끊고 지낸 지 꽤 오래되었기에 두려우면서도 반가웠다. 분명 사는 게 얼마나 행복한 일인지 내게 설명하려는 거겠지 라고 생각했다. 그대로 화면을 껐다. 그리고 행복에 대해 생각했다. 내가 가진 것들에 대해 생각했다. 이어서 내가 잃은 것에 대해 생각하니 그것들은 어쩌면 사실 내 것이 아니었다. 운이 좋았거나 겨우 붙들어야 했거나. 둘 중 하나일 뿐이었다. 그래서 너무도 쉽게 나를 떠나는 것들이었다. 내게 그것들은 사랑, 돈, 꿈이라 삶 자체가 불안하던 것이다.

생각을 멈추고 다시 화면을 켰다. 빛이 따갑게 눈에 닿았다. '오늘 달 엄청 동그랗고 예쁘다. 슬쩍 봐봐.'라는 너의 문장에 푹 꺼져 있던 몸을 일으켜 세울 수 있었다. 불을 켜기 전에 커튼부터 열었다. 아직 달이 보이지 않음에도 방 안 물건들이 미세하게 보이기 시작했다. 주위를 둘러보다 베란다 문을 천천히 밀어 열었다. 여름밤의 습한 공기와 젖은 땅, 잎이 내는 비릿한 향이 코에 닿았다. 베란다는 방만큼이나 어질러져 있었다. 겨울옷, 버려도 이상하지 않을 쓰지 않는 오래된 물건, 온갖 잡동사니가 담긴 상자까지 모두 제자리를 찾지 못한 채 흩어져 있었고 그 위에는 먼지가 가득했다. 내가 망가져 가는 동안 그것들은 먼지만 쌓였을 뿐 그 모습 그대로 변함없었다. 시선을 거두고 손을 높이 뻗으며 기지개를 켰다. 앓는 소리가 절로 나왔다. 작은 창문 밑에 있는 의자에 앉아서 너의 메시지를 다시 들여다봤다. 달이 동그랗다는 한마디가 그리고 네가 나를 일으켰다는 사실에 새삼 놀랐다. 지금까지 네가 내게 보내온 문자들을 하나하나 다시 읽었다. 너는 내 답장이 없어도 굴하지 않고 위로의 말을 해왔다. '천천히 이겨내도 돼. 잠깐 쉬어도 괜찮아. 모든 건 그 자리 그대로 있을 거야. 그러니 걱정은 말고!'라는 너의 말과 '오늘 하루는 어땠어?' 묻는 너의 안부 인사. 이제야 하나하나 눈에 보이기 시작했다. 그러니까 달이 동그랗다는 그 한마디에! 멍하니 앉아서 너의 얼굴을 생각했다. 너의 말투와 목소리도 생각했다. 달이 동그랗다는 말을 다시 너의 음성으로 들었다.

일어서서 베란다 창틀을 두 손으로 세게 감쌌다. 그리고 조심스럽게 의자를 밟고 일어섰다. 12층에서 올려다보는 밤하늘과 내려다보는 집 앞 공원의 풀과 나무 그리고 벤치에 울컥했다. 네가 말한 동그란 달을 보기도 전에 눈물이 차올랐다. 글썽이며 더 높은 하늘을 올려다봤다. 아파트 사이로 달이 동그랗게 떠 있었다. 가까이서 보면 울퉁불퉁하여 못난 달은 멀리서 보면 매끄럽고 아름답다. 어두울 때 자신의 존재가 드러나는 달은 오직 밤하늘을 배경으로 밝게 빛났다. 동그란 달이 이야기하듯 어둠이 있는 곳에는 반드시 밝음이 있고 무언가 아름답다면 모난 면노 있을 수 있다는 것. 그것을 이제야 알았다. 갑작스러운 난치병 판정과 부모의 이혼 그리고 그녀를 사랑한다는 사실이 나를 아프게 하고 괴롭게 하고 외롭게 했다. 결점으로 여기며 너무 가까이서 본 탓에 어느 순간 나는 울퉁불퉁하고 못난 사람이 되었다. 오늘은 이런 나를 멀찍이서 바라보았다. 이렇게 하면 모난 내가 아름답게 보일까 해서. 달이 내게 말했다. 어둠 속에 네가 존재할 수 있는 건 네가 충분히 스스로 빛을 발할 수 있는 사람이기 때문이라고. 시간이 흘러 멀리서 지금의 너를 다시 보면 꽤 아름답고 괜찮은 네가 보일 거라고.

- 사이
- 책장
- 엽서
- 커피
- 오래된 물건
- 달
- **포옹**
- -

포옹

안아준다는 것은 말과 행동 모두 따뜻한 것 같아요. 서로 가장 따뜻한 곳을 맞대어 체온과 기운을 나누고 토닥임에 안정을 얻는 기분. 까끌까끌한 지퍼에 뺨이 긁혀도 더 세게 가까워지고 싶은 행위. 커다란 나무가 되어 누군가를 안아준 일이 있나요? 아니면 무심코 안긴 순간 눈물을 쏟은 적이 있나요. 독자를 안아주듯 당신의 따뜻한 글을 담아주세요.

내 품의 온도

선배는 하루에도 수십 번 오락가락하는 구제 불능의 나를 기다려준 유일한 사람이다. 내가 숨기려고 하는 모든 것을 편견 없이 안아주는 사람이었다. 그런 선배가 곁에 없을 걸 생각하다가 울어버렸을 때 선배는 망가질 대로 망가진 나를 안고 눈을 보면서 말했다.

"너는 강한 사람이야."

선배의 말에 숨이 넘어갈 듯 울었다.

"어려운 순간들을 다 견뎌내고 여기까지 왔다는 건 네가 그만큼 강한 사람이라는 뜻이야. 너는 무릎을 꿇은 게 아니라 단단해지는 과정을 걷고 있는 거야."

순간 정신이 번쩍 들었다. 눈물이 멈췄다. 선배의 품 안에서 새로운 시선으로 나를 보게 되었다. 더 이상 나를 초라하고 쓸모없는 사람으로 여기지 않았다. 선배의 품이 한 일. 선배의 포옹이 내가 경험한 포옹 중 단연 최고인 이유이다. 포옹이라는 부드럽고 따뜻한 단어가 행위로 이루어지면 더 많은 의미를 갖게 된다. 시간, 장소, 서로가 처한 상황, 서로의 관계에 따라 다른 감각을 선사한다. 선배에 대한 기억 때문인지 포옹이라는 단어를 보고 있으면 위로라는 단어가 반사적으로 떠오른다. 나는 누군가를 안아줄 수 있는 사람인가. 그런 사람이 되어가고 있나. 지난 시간을 돌아보니 지금껏 안길 줄만 알았던 이기적인 내가 보인다. 이제는 안아주는 사람이 되고 싶다. 기대고 의지할만한 사람이 되어서 따뜻한 품을 내어주고 싶다. 타인의 슬픔을 안아줄 수 있는 순간이 오면 가장 먼저 선배에게 소식을 알려야지. 선배 덕분에 나는 꽤 잘 지내고 있다. 많이 웃고, 잘 자고, 잘 먹으며 평범한 행복을 경험하고 있다. 또 선배에게 소개하고 싶은 사람이 생겼다. 마음의 여유가 생기고 좋아하게 된 사람이다. 그 사람을 꽉 안아주고 싶다는 생각을 자주 한다. 아이같이 마냥 밝은 사람이라고 생각했는데 지내다 보니 슬픔을 위로할 줄 아는 따뜻한 사람이기까지 해 완전히 푹 빠져 버렸다.

   선배가 요즘의 나를 보면 분명 배를 부여잡고 자지러질 거다. 평소에 잘 입지 않던 스타일의 옷을 사 입고, 한 시간 일찍 일어나서 모습을 단장하고, 막차를 놓칠 걸 알면서도 그 사람을 데려다주느라 한 시간 반을 걸어서 집에 가기도 한다. 그 사람이 좋아하는 고양이가 거리에 보이면 쭈그려 앉아서 사진 찍어 보내고 좋아하는 간식을 매일같이 사다 주기도 했다. 아! 그 사람이 어른 입맛인 것도 좋다. 음식을 가리지 않고 얼마나 잘 먹는지 지켜보고만 있어도 배가 부를 정도이다. 얼마 전에는 편의점에서 간식을 사주는데

1+1하는 두유를 두 개 꺼내더니 그 뒤에 있는 우유를 앞으로 끄집어내어 빈자리를 채우는 모습을 봤다. 그 모습이 얼마나 예뻤는지 선배를 만나면 꼭 이야기해주고 싶다. 선배가 기억할지 모르겠지만 내게 더 좋은 사람을 만날 수 있을 거라고 말해 준 적이 있다. 그때는 그 말을 믿지 않았는데 이제야 조금 알겠다. 좋은 사람을 만나기 위해서는 내가 먼저 그런 사람이 되어야 한다는 것을. 선배는 내게 '너는 좋은 사람이야.'라고 말하려던 것이었다. 여태 기대고 의지할만한 사람을 사랑해왔다. 부족한 나를 채워주고 자주 슬퍼지는 나를 미소 짓게 할 사람만을 바라왔다. 그런데 내가 사랑하게 된 그 사람에게는 내가 그런 존재가 되어주고 싶다. 안아주는 사람이 되고 싶다. 조금 오래 걸릴지라도 내 품을 따뜻하게 데우려 한다. 추운 날이면 언제든 찾아와 안길 수 있도록.

어젯밤 꿈속에

아빠를 꼬옥 껴안았다.

"아빠아…."

젊은 시절처럼 풍채가 좋은 아빠는 웃었다. 아빠가 그처럼 밝게 파안대소하는 걸 언제 보았더라. 아빠를 꼭 끌어안고 있는 도중에도 그 생각을 했다.

아빠는 돈이 필요하다고 했다. 290만 원이었다. 왜 하필 290만 원이었을까. 꿈에서도 꿈인 것을 알았다. 꿈에서도 아빠가 이 세상 사람이 아니란 것을 알았다.

나는 아빠를 그렇게 꼬옥 껴안은 채 대답했다.

"알았어, 아빠. 드릴게요."

부모님이 함께 아프셨다. 아침 일찍 길 건너 부모님 댁에 가면 요양사와 도우미가 오기 전에 환자가 둘인 집을 대충 정리하는 것이 일과였다. 힘들어서 그만하겠다고, 갑자기 그들이 오지 못하겠다고 할까 봐 이른 아침마다 환자의 흔적을 대충이라도 치우고, 손님처럼 그들을 맞이했다.

일생 자식에게 십 원 한푼 달라는 법이 없던 아빠가 가끔 돈을 달라고 하기 시작했다. 치매가 심해지고 나서부터였다. 아빠는 늘 자식에게 베푸는 사람이었고, 계산은 항상 당신이 해야 하는 사람이었다. 자식에게 아쉬운 소리를 해본 적이 없었다. 저 멀리서 손녀가 보이면, 그때부터 지갑을 꺼내 들고 용돈부터 주려고 했기에 늘 엄마는 그 모습을 보고 웃었다. 그런 사람이 아빠였다. 생각해보지 않았던 모습들과 상상할 수 없었던 행동을 했다. 처음엔 화가 났고 속이 상했지만, 시간이 지나면서 받아들여야 하는 현실이 되었다.

엄마가 말했다.
"이제 예전 아빠가 아니야."
더 이상 예전의 아빠가 아닌 아빠는 나를 보며 종종 말했다.
"만 원짜리 한 장 있니?"
형제 중 제일 많이 엄마한테 혼나는 것은 늘 나였다. 혼나고 있으면 갑자기 불러서 만 원짜리 한 장을 쥐여주시며 슈퍼 심부름을 시키셨다. 혼나던 나는 그 핑계로 냅다 집 밖으로 도망쳤다. 혼나고 난 아침엔 일찍 학교에 데려다주시며 아빠는 지갑에서 만 원짜리 하나를 꺼내어 두 번 접어 손에 스윽 쥐여주셨다.

아빠가 만 원짜리 한 장 있느냐고 물어보실 때마다, 엄마에게 혼나고 학교 가던 아침에 손에 쥐여주시던 그 만 원짜리들을 생각했다.

소소한 것을 잊을 뿐이라고 생각했지만, 병원의 담당의는 그렇지 않다고 했다. 나을 수 있는 병이 아니며, 이미 처방할 수 있는 최대치로 처방하고 있다고 했다. 그저 진행 속도를 늦추는 것 정도를 기대할 수 있을 뿐이라고 말이다. 자주 보는 이도 누군지 잊었고, 제일 가까운 친척도 잊었다. 약을 먹었는지, 밥을 먹었는지 잊는 것은 일상이었고, 때로는 집도 잊었다. 아빠의 얼굴을 알아본 경비아저씨가 집으로 모시고 온 날, 결국 아빠를 모시고 경찰서에 가서 지문 등록을 했다. 귀찮다고 안 간다는 아빠를 아이 어르듯 달래서 함께 갔다.

"경찰서에서 나이 든 분들은 다 의무로 해야 하는 거래요. 안 하면 안 된대. 엄마는 아파서 누워있으니까 나중에 하고 아빠 먼저 오늘하고 와요. 경찰서 갔다가 오는 길엔 좋아하시는 아이스커피 사드릴게요."

그렇게 함께 간 경찰서에서 아빠가 지문을 찍는 것을 물끄러미 보았다. 경찰서 계단을 오르내리기 힘들어하는 아빠를 부축해서 다녀오는 길, 약속한 아이스커피를 사드리지 않았다. 집 근처까지 거의 왔을 때 그 약속을 떠올렸는데, 치매인 아빠는 그 잠깐의 약속을 잊었는지 조르지 않았다. 나는 잊지 않았지만 모르는 척 그냥 집으로 왔다. 지금도 가끔 아이스커피를 마실 때, 문득 그날의 약속이 떠오르곤 한다. 아빠는 정말 잊었던 걸까.

아빠는 정말 잊은 걸까, 라고 생각하는 것은 그날의 아이스커피를 떠올리는 순간만은 아니었다. 치매가 급작스럽게 심해진 일 년 동안 수도 없이 많이, 자주 그 생각을 했다. 정말 잊은 걸까, 정말 모르는 걸까, 정말 생각을 하지 않는 걸까.

바야흐로 백세시대다. 누구는 축복이라고, 또 누구는 재앙이라고 말하는 백세시대 말이다. 노년이 길어졌다. 텔레비전이며, 이야기 속 단골 소재로 치매가 종종 등장한다. 감동적이고, 애틋하다. 드라마 소재로 이만한 것이 없다. 그러나 볼 때마다 생각한다. 그것은 드라마일 뿐이다. 현실에서의 치매는 결코 아름다울 수가 없다.

누구나 나이를 먹는다. 옆에서 늙어가는 부모를 보았다고 해서 내가 그 나이를 완전히 이해할 수 있는 것은 아니다. 나 역시 지금의 이 나이를 이해할 수 없던 세월이 있었다. 마찬가지로 더 훗날의 나이 역시 내가 지금 모두 이해할 수 없는 것이다. 하지만 가끔 만 원짜리를 접어 손에 쥐여주던 아빠를 생각한다.

아빠를 꼬옥 안아주었던 꿈은 아직도 생생하다. 후회는, 그렇게 영영 늦어버린 채 후회로 남는다.

껴안는다는 의미, 어색함의 의미

 사랑하는 사람이 생기면 종종 껴안기를 바빴다. 사랑을 나누는 가장 충만하고도 포근한 행위. 품 안이 주는 온기가 좋다, 편안함에 스민 안정감이 포근했다. 어떤 것에 비해도 그리 가볍지도 않고, 너무 깊지도 않은 행위. 사랑을 표할 수 있고 그리움을 토해낼 수도 있는. 내가 가장 좋아하고 거리낌 없이 행하던 행동이었다.

 멀리 떨어져 살기 전부터도 엄마와 포옹하는 일은 어려운 일이 아니었다. 엄마가 돌아온 집에선 엄마아아아- 하면서 달려가 꼬옥 엄마를 껴안는다. 껌딱지처럼 옆에 붙어 팔을 부둥켜 있다거나, 누워있는 엄마를 안고 함께 잠을 청한다거나. 독립한 후엔 그리움이 더해져 더욱 심해진 나를 엄마는 떼어내고 싶어 할 정도니까. 밥을 먹듯 당연한 일이지만, 그게 너무나 어려운 단 한 사람이 있었다.

아빠, 아빠에겐 그 흔한 팔짱 한 번 껴본 적이 없는 딸. 그게 바로 나였다.

　아버지와 딸, 남들과 다르지 않은 흔한 부녀 사이다. 경상도 특유의 무뚝뚝함을 가진 아빠와는 지금까지 단 한 번도 껴안아 본 적이 없다. 어쩌다 TV를 보면 살가운 딸과 아빠의 애정행각을 볼 수 있는데, 그럴 때마다 내 머릿속 위엔 물음표가 뜬다. 어떻게? 어떻게 저게 되는 거지? 소스라치게 돋은 소름을 털어내기 바빴다. 다른 사람들에겐 거리낌 없이 애정을 두는 행동을, 가장 가까운 아빠에게 하지 못하는 내가 좀 별스럽게 느껴지기도 했다.

　유년 시절의 나는 맞벌이 부부인 부모님 대신 외할아버지 아래에서 자랐다. 엄마, 아빠 집에 가는 주말이 되면 농촌을 떠나 치킨을 먹을 수 있고, 인터넷을 할 수 있다는 사실에 가장 신나 했다. 그건 달콤한 아이스크림을 쥔 손만큼이나 커다란 설렘이었다. 교복을 입기 시작할 무렵, 그때부터 동생과 나는 정식으로 부모님과 함께 살기 시작했다. 아니나 다를까 너무나 달랐던 생활환경과 성격은 충돌하기 시작했다. 너무 비슷한 성격을 가진 두 사람이 난생처음 한 지붕 아래, 어떻게 서로를 받아줘야 하는지 아무것도 확립되어있지 않은 상태였기에 혼란은 커져만 갔다. 매번 큰 싸움이 일었고, 그 사이에서 어찌할 줄 모르던 엄마와 동생은 점점 지쳐갔다. 돌이켜보면, 시한폭탄. 그 시절 아빠와 나의 사이는 시한폭탄이라는 단어로 정의할 수 있었다.

나이가 들어가면서 잦은 싸움이 일어날 때면 나는 입을 닫기 시작했다. 늘어나는 침묵에 조금씩 늘어가는 이해, 그때부터 틀어진 사이는 도리어 조금씩 나아지기 시작했다. 나이가 들어가는 딸은 점점 나이 드는 아빠를 이해하기 시작했고, 물론 아직도 가끔 다툼이 일어나지만(절대 다툼이 일어나지 않을 수는 없다). 하지만 전에 비한다면 아주 커다란 발전이었다. 엄마는 종종 이야기한다. 절대 이런 날이 오지 않을 거로 생각했는데, 마치 기적을 보는 것 같다고. 그 말을 들은 우리 부녀는 그 정도는 아니었다면서 멋쩍게 웃을 뿐이었다.

때론 TV나 주변에서 우리와 다른 부녀 사이를 보면 내심 부러울 때가 있다. 아빠랑 단둘이 데이트했다는 둥, 술을 마시고 아빠와 여행을 갔다는 말이라든지. 사실 한 번도 겪어보지 못하고, 해보지 못한 것들. 그리고 어느 날은 용기를 내, 아빠의 팔을 붙잡았다. 갑작스러운 일에 어색하게 팔을 당겨가는 아빠의 모습. 당황한 나는 아무렇지 않은 척 다른 말로 그 순간을 덮어버렸다. 어떤 상황이든 맞물리는 타이밍이어야 했는데. 갑작스럽게 든 말랑해진 마음에 급작스러웠던 나의 행동. 아무런 신호도 없다가 갑작스레 찬물을 뒤집어쓴 아빠의 마음도 사실 이해가 갔다. 어설프게 친한 척이라도 하려 했던 나의 도전은 결국 실패하고 말았다.

하지만 의외의 상황에서 얼렁뚱땅 아빠와 껴안은 일이 일어났다. 전염병이 창궐하고 거의 8개월 만에 집에 내려간 날이었다. 집

안의 많은 풍경이 달라져 있었다. 내려오지 못한 날이 줄을 이어 자주 걸려 오는 통화도 의외였지만, 나를 반기는 반응들도 전보다 더 격해져 있었다. 짧은 시간을 보내고 떠나는 당일, 어쩐지 출근하는 아빠와 악수라도 해야 할 것 같은 기분이 들었다.

"아빠 잘 있어."

"그래, 가라."

이 무뚝뚝한 부녀를 보아라, 짧게 나누는 대화를 옆에서 들은 엄마는 작게 한숨을 내쉬었다. 그리곤 나의 어깨를 떠밀고선, 아빠에게 커다란 핀잔을 내밀었다.

"그렇게 보고 싶어 했으면서, 가는 아 안아주기라도 하소."

가벼운 힘에 밀린 내가 다가서자 아빠는 어정쩡하게 팔을 내밀었다. 엉거주춤 안기고, 후다닥 떨어지는 두 사람. 아빠와 나의 생에 첫 번째 포옹이었다.

"가래이."

머쓱하게 웃는 나의 반응을 뒤로, 아빠는 재빨리 현관을 빠져나갔다. 아빠 뒤를 따르는 엄마의 웃음소리가 유난히 경쾌하게 들렸다. 어설펐지만 그 순간 가장 따뜻한 기운을 받은 느낌이었다. 거의 자의 반, 타의 반인 일이었지만 기념비적인 날. 나쁘지 않은 기분에 온종일 나는 웃음을 달고 살았다.

외할아버지가 떠난 날이 떠오른다. 하고 싶어도 다시는 할 수 없는 날이 언젠가 우리에게 반드시 온다. 어떤 일이든 내게 일어나지 않을 일은 없기에, 후회를 하기 전에 할 수 있는 일을 해야 한다고 생각한 게 얼마 전이었는데. 다시금 상기시켜주지 않으면 또 안일해진 마음은 금세 잊어버린다. 조금씩이라도, 천천히 손을 내밀어야겠단 생각이 든다. 그러다 보면 조금 더 가까워진 부녀 사이가 될 수 있을 테니. 할 수 없다는 건 없다. 그저 못했거나, 하지 않았던 것뿐이다.

요즘은 자주 아빠와 통화를 한다. 달라진 점이 있다면 아빠에게 없던 애정 표현이 생겼다.

"사랑해, 딸."

힘겨운 시국 덕분에 생긴 애틋함, 유일무이한 장점이다. 아무 말도 하지 못하던 나의 입에서도 똑같은 대답이 흘러나온다.

"사랑합니다, 아빠."

표현할 수 있을 때 아낌없이 표현하기. 근래 가장 달라진 나의 일상이다. 조만간 다시 집으로 내려가면 잉기주춤이 아니라 꼬옥, 아주 꼬옥 아빠를 안아드릴 생각이다.

나는 서비스직이다

나는 그녀가 안아주는 게 좋았다. 나는 흰색과 갈색이 매력적으로 조화된, 멋진 고양이다. 다른 고양이들의 사정은 잘 모르겠다만 나는 안기는 걸 좋아했다. 그녀는 다른 사람들에게 A씨라고 불렸다. 그렇지만 나에게는 A씨가 아니라 집사라고 불렸다. 그래. A나 그녀라는 어색한 호칭보다는 집사라는 표현을 계속 쓰는 게 맞는 것 같다.

집사는 꽤나 까다로운 인간이었다. 까다롭다고 해야 하나 까탈스럽다고 해야 하나. 나는 좀 무덤덤한 스타일인데, 이런 면에서 집사랑 나는 애당초 좋은 룸메이트는 아니었다고 본다. 집사는 캣타워에 먼지가 쌓여 있는 꼴을 보지 못했다. 아침이면 아직 해가 뜨지도 않았는데 캣타워에 쌓인 먼지를 닦아댔다. 그것도 걸레 같은 걸 쓰지 않고 부직포나 부드러운 융으로 짜인 천으로 쓱싹쓱

싹해대는 것이었다. 날마다 닦아 재끼니 먼지랄 게 쌓일 틈도 없었다. 간혹 에취 하고 재채기를 할 때도 있었는데, 그건 먼지 때문이 아니라 나의 털 때문이었다. 내 몸에 가느다란 털 한두 개가 있다고 해서 재채기를 해대는 건 고양이에 대한 예의가 아니다. 이런 내 마음도 모르고 집사는 부지런히 캣타워를 닦았다. 손에는 꼭 일회용 니트릴 장갑을 꼈다. 먼지나 털이 남아있으면 그걸 장갑의 접착 면으로 짝짝 쓸어내기 위해서였다. 정말 꼴불견이지 않은가. 이래야 면접 때 입을 정장에 노란 털이 들러붙지 않는다고 했다. 천만의 말씀! 옷에 고양이 털이 있으면 온 동네 고양이들에게 관심을 받을 수 있는데! 이런 장점을 모르는 우리 집사는 멍텅구리다.

한번은 그런 부지런한 꼴에 심술이 나서, 캣타워에 똥을 싸버렸다. 원래 나는 불결한 짐승이 아니다. 나처럼 깔끔한 고양이는 동물이고, 불쾌하고 더러운 것들은 짐승이다. 나는 동물에 속한다. 이렇게 아무 데나 똥을 싸버리는 건 그냥 심술 맞은 장난일 따름이다. 집사는 질색을 하면서 못 볼 걸 봤다는 시늉을 했다. 그러고서 나를 향해 끔찍하다는 말을 지껄였다. 그런 건 집사의 사정이다. 나는 꽤 웃겼지만 이럴 때 집사의 심기를 건드렸다간 뼈도 못 추릴 수 있으니 씰룩거리는 입꼬리를 억지로 멈춰 세웠다. 수염만은 미세하게 움찔거렸다.

그래도 우리 관계는 좋은 편이었다. 집사가 수발을 들고 나는 귀여움을 서비스로 제공하는 비즈니스 관계였지만, 오래된 관계의 끈끈함이랄까 동료애랄까 그런 것들이 스며들어 있었다. 때때로 집사는 외부 세계에서 나쁜 일을 경험하고 나면 나를 껴안고 울기도 했다. 슬픔을 공감하지 못하는 건 아니지만, 집사가 제공하는 숙식의 덕을 보며 편하게 먹고 사는 나에게는 조금 이해되지 않는 부분도 있었다. 집사가 안아주고 있는데, 갑자기 등의 털 주변에 축축한 게 느껴지면 약간 신경질이 났다. 아까 열심히 등 주변을 혀로 핥아놨는데 말이다. 내 멋진 털을 고작 짠 내 나는 물들로 더럽히다니. 이렇게 생각해보면 집사의 까다로운 성미를 닮은 것 같기도 하다. 무조건 나는 참는다. 나는 귀엽기 때문이다. 귀여우면 모든 게 다 용서되고, 또 모든 걸 다 참아줄 수 있어야 한다. 집사의 하소연을 듣고 프리허그를 해주고 기다려주다가, 그만하라고 손으로 집사의 팔을 살살 긁어줘야 한다. 이게 귀엽다며 빙긋 웃어주는 집사가 퍽 멍청이 같다.

 5평짜리 작은 원룸에 혼자 사는 집사는, 사는 게 좀 힘들어 보이긴 했다. 나름 인간 세계에서 알아주는 대학교를 나왔다고 했는데, 어딘가에 정식으로 근무하는 생활은 못 했다. 내가 집사를 만난 때는 대학교를 갓 졸업한 풋내 나는 아가씨였던 것 같은데, 지금은 텁텁한 화장품을 바르는 늙은 여자가 되어버렸다. 나도 집사와 같이 나이가 들었다. 우리가 왜 서로에게 이끌렸는지는 잘 기억나지 않는다. 나는 주변 뜨내기들과의 세력 다툼에 약간 지쳐있었다. 태어난 지 1년이 갓 넘은 상황이었는데, 사실 이전의 상황들도 생존에 영 적합한 것은 아니었다. 집사를 만난 그날도 하필 나보다 힘이 센 수컷에게 피가 터지도록 얻어맞았다. 놈이 보이지 않을 때, 캣맘들이 제공한 사료 몇 알을 주워 먹었을 뿐인데 어디서 귀신같이 나타나서는 흠씬 두들겨 팼다. 그 모습을 집사가 발견한 것이다. 집사는 그 고양이 새끼를 보고 득달같이 달려들었다. 나는 손톱 하나 까딱할 힘이 없었다. 집사는 나를 들어 안고 병원으로 달려갔다. 그때도 등이 축축했던 것 같다. 아니. 축축한 건 머리통이었나. 집사의 간호 덕분에 나는 금세 건강을 되찾았다. 물론 내가 젊어서 회복력이 빠른 까닭도 있다. 나는 우수한 고양이이다. 나를 얕보면 안 된다.

아무튼 간에 집사는 울보였다. 처음 만났을 때부터 지금까지 쭉 우는 것만 잘하는 것 같다. 다른 건 더럽게 못 한다. 까다롭다고 했지만 실은 캣타워 청소도 잘 못하고, 물그릇에 미묘한 물비린내가 나는 것도 모른다. 내 화장실에 깔린 벤토나이트 모래가 하루 한 번씩은 바뀌어 있지만, 화장실 자체에서 나는 똥오줌 냄새를 제거할 생각은 못한다. 하나는 알고 둘은 모르는 멍청이다. 그럼에도 우리의 관계는 좋은 편이다. 내가 귀여우니까 이런 흠 정도는 봐줄 수 있는 것이다.

그날도 어김없이 집사가 울었다. 이번엔 좀 달랐다. 집사는 울음을 멈출 생각을 않았다. 집사가 현관문에 쪼그려 앉아 강아지처럼 울었다. 이제 막 잠이 들려는 찰나였는데…. 집사 때문에 짜증이 났다. 하- 정말 짜증이 난다. 그럴더라도 평소보다 더 울어대는데 모른 척할 수는 없어 가까이 다가갔다. 집사야, 왜 울어? 집사의 손등을 혀로 핥았다. 집사가 흠칫 놀라더니 고개를 들었다. 현관 등이 깜빡거리며 켜졌는데, 집사의 얼굴이 엉망진창이었다. 콧물 눈물이 범벅이 된 꼴이 아주 가관이었다. 집사는 내 머리를 쓰다듬었다. 그리고는 이내 통곡을 하는 것이었다. 이건 내 귀여움으로도 감당이 안 되는 수준이었다. 좀 더 강력한 무기가 필요했다.

　나는 집사가 쪼그려 앉은 허벅지 사이로 파고들었다. 나는 안기는 걸 좋아하는 편인데, 오늘만큼은 집사를 안아주기로 했다. 허벅지를 딛고 점프를 해서 집사의 등에 올라탔다. 순식간에 무등을 태우자 집사가 놀란 것 같았다. 임마, 네가 나를 안아줄 때도 이런 기분이었다고. 집사의 등 위로 올라간 나는 부드럽게 앞 다리를 모아 집사의 목덜미를 껴안았다. 마치 살아있는 고양이 목도리가 된 기분이랄까? 다른 놈들은 자존심도 없는 행동이라고 비난할 것이 뻔했다. 근데 나는 유달리 새끼 고양이처럼 울고 있는 집사를 그냥 둘 수가 없었다. 나는 집사의 볼에 내 귀여운 얼굴을 착 하고 갖다 붙였다. 이게 먹히는 방법이 맞는 걸까?

　곧 집사는 울음을 그쳤다. 얼굴을 쓱쓱 닦으며 서서히 일어섰다. 두 손으로 등 뒤를 더듬어 나를 떼어냈다. 나를 정면으로 가져와서는 두 눈을 빤히 쳐다봤다. 뭘 보는 거야 이 계집애야. 엉망진창인 얼굴이나 좀 어떻게 해봐. 나는 그렇게 툴툴거렸지만 사실 걱정이 되긴 했다. 오늘은 어제보다 더 울었고, 아침에 깔끔하게 입고 나간 정장은 약간 땀에 찌든 내가 났다. 남들은 잘만 취업한다는데, 우리 집사는 어지간해서 좀 힘든 모양이었다. 오늘은 더 슬픈 하루였나 보다. 그래도 다음 달 내 사룟값은 모아 뒀겠지?

　집사는 싸구려 매트리스 위에 잠들며 고단한 하루를 마무리했다. 나는 핑크 감성의 벨벳 하우스에서 몸을 말았다. 그러다 잠들어 있는 집사를 올려다보니 눈가에 주름이 두 줄 더 생긴 게 눈에 들어왔다. 측은한 마음이 들었다. 나는 이미 퇴근을 했지만, 오늘

만큼은 인정 있는 고양이가 되기로 했다. 집사가 누운 품 사이로 들어가 가릉가릉 소리를 냈다. 집사는 따뜻하고 포근한 내 몸이 좋았는지, 편안한 표정으로 바뀌었다. 방금 전까지만 해도 지치고 기분 나쁘다는 표정이었다. 어째서 인간은 잠이 들어서기까지도 인생의 슬픔을 다 껴안으려 하는지 모르겠다.

나는 세상에서 가장 다정한 고양이다. 나는 껴안기는 것도 좋아하지만, 껴안는 것도 좋아한다. 이건 내가 베풀 수 있는 최상의 서비스이다. 내일은 집사가 좀 덜 울길 바란다. 내일은 휴무일이다.

서태지와 별책부록 그리고 S

1995년 10월 5일, 서태지와 아이들 4집이 발매되었다.

내가 중학교 2학년 때 신드롬을 일으키며 그야말로 혜성처럼 등장한 뮤지션. 짧은 활동기간 동안 수많은 업적을 남기며 누구도 부인할 수 없는 문화계 전반의 지각 변동을 일으킨 당사자들, 서태지와 아이들.

처음으로 누군가의 팬이라는 말을 자랑스럽게 하고 다녔을 정도로 난 서태지와 아이들에게 진심이었다. 앨범을 사 모으는 것은 기본이었고, 방송 출연 일정을 일일이 체크하며 본방을 비디오로 차곡차곡 녹화했으며, 회오리춤을 비롯한 각종 댄스를 마스터해서 친구들에게 알려줬고(심지어 난 몸치였음에도 불구하고), 광고 모델로 활동했던 브랜드의 옷을 사서 입었다. 카세트테이프로 음악을 듣던 시절이었는데, 서태지와 아이들이 컴백하는 날이면, 저녁 자율학습 시간 전에 한 사람에게 부탁해서 음반 레코드점에서 사오곤 했는데 나는 자처해서 그 일을 하곤 했다. 분명 귀찮은 일임에도 따끈따끈한 신보를 가장 먼저 만져볼 수 있다는 이유가 컸다. 서태지와 아이들 4집이 발매되던 날, 친구들은 역시 나에게 그 일을 맡겼다. 그날은 많은 친구가 휴대용 카세트 플레이어를 몰래 가지고 왔었다. 앨범마다 놀라움을 선사하며 새롭고 신선한 사운드를 들려준 뮤지션에게 거는 기대가 컸었기에, 누구보다 더 빨리 듣고 싶었기에. 교복 안쪽 주머니에 모인 돈을 넣고 자리에서 일어나려고 할 때, S가 조심스레 다가왔다.

"나도 같이 가면 안 될까?"

내게 처음으로 말을 건넸던 S. 그때만 해도 평소에 나랑 친하게 지낸다고 볼 수는 없었던 S.

"왜?"

너무 당황한 나머지 나는 눈을 동그랗게 뜨고 S에게 반문했다. 남녀공학 합반. 싱그러운 미소의 소유자였던 S는 같은 반이었지만, 평소에 좀처럼 말 걸기가 어려울 정도로 잘 나가는 친구들 그룹에 속해 있던 아이였다. 인기 좀 있다는 아이들이나 할 수 있었던 교내 방송반에서도 메인이라고 할 수 있는, 점심 방송을 맡았던 S. 맑은 목소리로 좋은 음악들을 소개하곤 했던 S. 서태지와 아이들 덕에 친구의 폭이 넓어지긴 했지만, S는 그야말로 닿을 수 없는 곳에 있었다. 내가 S를 알긴 했어도 S가 나를 알 거라고 미처 생각하지 못했다.

"왜긴, 나도 서태지와 아이들 좋아해! 아니 정확히 말해서 서태지만 좋아하는 게 맞지만."

가슴이 두근거렸다. S가 말을 걸다니. 약간 망설이는 기색을 보이니 S가 눈치를 보며 다시 말을 건넸다.

"내가 같이 가는 게 불편해? 그러면 그냥 내 것만 부탁할게."

"아니야, 아니야. 불편하긴. 그냥 놀라서 그랬어. 같이 가자."

S와 나는 곧바로 교실 뒷문을 나섰다. S의 평소 선곡을 미뤄 봤을 때, 서태지를 좋아한다는 게 꽤 의외긴 했었다. 함께 걸으며 교문을 나설 때까지도 우리는 아무런 말을 나누지 않았다. 무슨 말을 해야 할지 전혀 알 수가 없었으니까. 그러다가 결국 우리가 함께 걸을 수 있는 이유를 떠올리며 S에게 물었다.

"언제부터 좋아했어?"

"응?"

"서태지와 아이들 말이야. 아니다. 서태지만 좋아한다고 했지?"

"음, 본격적으로 좋아한 지는 얼마 안 되었어. 난 3집에서 <영원>이라는 노래가 그렇게 좋더라."

"그렇구나. 역시! 너라면 <교실 이데아>보다는 <영원>이 더 잘 어울리는 거 같긴 해."

"그래? 왜?"

"그냥 평소에 선곡하는 거 보면 강렬한 사운드보다는 부드러운 발라드를 좋아하는 거 같아서."

"내가 주로 어떤 노래 선곡하는지 이미 알아?"

"그럼 어떻게 모를 수가 있어. 너 유명하잖아."

"에이, 유명하긴. 유명한 건 너지."

"내가? 에이 설마."

"너 춤 잘 추잖아."

싱거운 대화가 오갔다. S와 내가 사이좋게 친구들의 앨범을 사서 가지고 들어갔던 그날. 그날 이후로 S와 조금씩 친해졌던 거 같다. 그렇다고 해서 갑자기 말을 많이 했던 건 아니지만, 최소한 지나가면 웃으며 눈인사를 건네는 정도는 되었고, 가끔 서태지와 아이들의 음악에 대해서, 패션에 대해서, 시대정신에 대해서, 영향력에 대해서 S와 말을 나눌 수 있다는 사실이 꽤 좋았다. 그저 동경의 대상이 같다는 것만으로도 그저 즐거운 시절이었다. 지금 생각해봐도 S에게 딱히 이성적으로 좋아하는 감정이 있던 건 아니었다. 고3이 되기 전, 고등학교 시절 마지막 겨울방학. 그래, 잊을 수 없는 그 겨울방학.

1996년 1월 31일, 서태지와 아이늘이 깁지기 은퇴했다.

겨울방학이 끝날 무렵, 청천벽력 같은 소식이 들려왔다. 만우절도 아닌데, 이렇게 거대한 소식이 정말로 훅 다가왔다는 사실이 믿기 어려웠다. 스포츠 신문을 수 놓았던 은퇴 임박 소식으로 시끄러워도 근거 없는 못된 루머로 치부할 뿐이었는데 말이다. 쉬는 시간이면 아이들은 종일 웅성거리며 우상의 은퇴를 아쉬워하고 슬퍼했다가 수업이 시작되면 침울한 표정으로 공부하기를 반복했다. 오전 내내 S의 표정도 심상치 않았다. 아니나 다를까. 점심시간이 되었을 때 내가 괜찮냐고 묻기 위해 S의 자리로 다가가자 S는 앉은 채로 내 눈을 바라보다 순식간에 눈물이 가득 차올랐다. 그러다가 그대로 팔을 뻗어서 나를 안았다. 너무 순식간에 일어난 일이었다. 나는 S를 안고 엉거주춤한 자세로 서 있을 수밖에 없었다. 그리고, 차분한 목소리로 귓속말을 했다.

"괜찮아. 금방 다시 돌아올 거야."

"은퇴잖아. 오빠가 거짓말할 리가 없어."

S는 서럽게 눈물을 쏟아냈다. 내 가슴팍이 축축해지는 게 느껴졌다. 나도 그 누구 못지않게 서태지와 아이들을 동경했지만, 그렇다고 해서 울지는 않았다. S의 눈물이 생경하게 느껴졌다. 그렇게 5분 정도를 줄기차게 울었던 S는 제풀에 지쳐서 나를 놔줬다.

"이제 무슨 낙으로 살지?"

"서태지가 밥 먹여주냐. 우리 이제 곧 고3이야. 정신 차리자."

사실 나도 서태지의 새로운 음악을 못 듣는다는 사실에 허탈함을 금할 수 없었는데, S가 우는 걸 보니까 나라도 중심을 잡아야겠다는 생각이 들었는지 지금 돌이켜보면 꽤 어른스러운 말을 내뱉었다. S가 나를 흘겨보았다. 난망했던 난 어쩌겠냐는 듯한 제스처를 취하면서 S를 달랬다. 그 뒤로 S와 난 고3이 되면서 반이 갈라졌고, 내 의지와는 무관하게 전과 같은 친분을 유지할 수 없었다. 난 자율학습 시간이면 4장의 정규 음반, 라이브 음반, 테크노 리믹스 음반, 그들의 은퇴 직후에 나온 베스트 앨범까지 선생님들의 방심을 틈타 그야말로 테이프가 늘어지도록 계속 듣고 또 들었다. S에게 공부나 하자고 호기롭게 말했지만, 아마도 상실감은 내가 더 심하게 앓았을지도 모른다.

    나는 살벌한 고3 수험생 생활을 하면서도 서태지와 아이들을 놓지 못했다. 아니, 정확히 말해 S처럼 서태지만이 중요했다. 서태지와 아이들은 은퇴하고 나서도 음악 잡지의 표지 모델로 종종 등장했고, 가끔은 독점 화보가 제공되기도 했다. 그들이 다시 돌아오리라는 믿음이 있어서였을지도. 초여름, 월간으로 나왔던 한 잡지의 별책부록이 기막히다는 얘기를 듣고, 학교 근처 서점부터 뒤지기 시작했다. 그런데, 나 같은 사람이 어디 한둘이었을까. 가는 곳마다 이미 다 팔리고 없다는 얘기만 들을 뿐이었다. 점점 초조해졌다. 열 군데가 넘는 서점을 다 가보고 나서야 상황을 받아들였다. 품절이라는 걸. 난 마지막으로 S를 떠올렸다. S라면 이미 구매했을지도 모르겠다고 기대했다. 다음날, 1교시가 끝나고 S가 속한 뒷문 앞에서 초조하게 S가 나오기를 기다렸다. 그때 누가 나를 툭 쳤다. 깜짝 놀라서 뒤돌아보니 S가 서 있었나.

  "어디 갔다 온 거야?"

  "나? 화장실."

  "아, 그래. 물어볼 거 있어서 왔어. 너 서태지 화보 별책부록 나온 거 알지?"

  "당연하지. 난 나오자마자 바로 샀지. 넌?"

  "못 샀어. 가는 곳마다 품절이래."

  어쩐지 S의 표정이 여유로워 보였다. 그 표정이 괜히 얄미워 보였다. S에게 말을 건넸다.

"혹시 나한테 팔 생각 없어? 나 그거 진짜 가지고 싶어서."

"야, 그걸 말이라고 해. 팔 거 같으면 애초에 사지도 않았지. 포기해. 이건 안 돼."

"친구 좋은 게 뭐냐. 내가 서태지 얼마나 좋아하는지 알잖아."

"나도 마찬가지야. 절대 안 돼."

절대 이뤄질 수 없는 거래라는 걸 모르지 않았다. 근데, S가 단호한 태도를 취하면 취할수록 갖고 싶다는 마음은 더 커져만 갔다. 쉬는 시간마다 S를 찾아갔다. S는 딱히 불편해하지도 않았다. 내가 아무리 사정해도 꿈쩍하지 않고, 그대로 버티며 해맑게 웃었을 뿐. 지금 생각해봐도 S의 인내심은 대단했다. 삼사일 정도를 졸라댔을까. S가 제풀에 지쳐 울음을 그쳤던 그날처럼 나 역시 포기하고 다시 집중해서 공부해야지 마음먹었을 즈음. S가 찾아왔다. 내 앞에서 뒷짐을 쥔 채 역시 웃고 있었던 S.

"왜?"

"친구가 왔는데 왜가 뭐냐?"

"아, 몰라."

"이거 주려고 왔는데, 이제는 필요 없나 봐."

S가 내 눈앞에서 흔들었던 건 서태지와 아이들의 미공개 화보가 담긴 문제의 그 별책부록이었다. 내가 뭘 잘못 본 줄 알았다. S가 그 귀한 걸 나한테 줄 리 없다고 이미 인정해 버린 후였기 때문이었다. S가 내 눈을 바라보며 말했다.

"이거 주면 더 열심히 공부할 거지? 나랑 약속해."

S는 마치 누나처럼 의젓했다. 나는 고개를 끄덕이며 문제의 별

책부록을 받고야 말았다. S에게 물었다. 왜 갑자기 마음이 바뀌었냐고. S는 내가 지극 정성으로 쉬는 시간마다 찾아갔을 때, 솔직히 굉장히 귀찮았다고 고백했다. 며칠 동안 시간을 두고 곰곰이 생각해 보니 그건 내가 갖는 게 더 좋을 거란 결론을 내렸다고 했다. 내 표정이 그렇게 절박해 보였다나. 내가 서태지를 얼마나 좋아하는지 여실히 드러났고, 자기가 쉽게 따라갈 수준이 아니란 걸 알았다고 했다. S는 기쁜 마음으로 별책부록을 가져왔다고 말했다. 때로는 놓아주는 게 훨씬 더 마음을 편하게 하더란 걸 알게 되었다고 덧붙이며. 정말 고마웠다. 사춘기, 누군가를 열렬히 선망하던 시절이었기에 S의 행동은 나에게 더 큰 감동으로 다가왔다. 지금 되돌아보면 그게 뭐라고 그렇게 절실했었나 싶기도 하지만.

1996년 11월 13일
본고사가 폐지되고, 수학능력시험이 치러졌다.

다음 날 오전, 교실 여기저기서 곡소리가 났다. 역사상 최고 수준의 난도를 보였던 1997학년도 수학능력시험은 많은 수험생을 좌절케 했다. 나도 그중 한 사람이었다. 대입 만을 목표로 살아왔던 청소년 시기. 조심스레 채점해 본 결과, 평소보다 평균 30점 이상이 떨어진 점수가 내 앞에 놓였다. 너무 허무해서 말도 나오지 않았다. 난도가 높았던 만큼, 반대로 잘 찍어서 점수가 평소보다 더 잘 나온 친구들도 여럿이었다. 좋아서 목소리를 높이는 그들 사이에서 난 울상이 되어 버렸고, 그대로 교실 밖으로 나가 터벅터벅

복도를 걸었다. 저 멀리서 S가 보였다. 천천히 커지는 S. S는 내게 별책부록을 넘겨줬을 때와 비슷한 미소를 지으니 내 앞으로 다가왔다. 그리고, 작은 목소리로 내가 말을 건넸다.

"시험, 어려웠지. 잘 봤어?"

S의 온화한 표정을 보자마자 난 그대로 무너져 내렸다. 꺼이꺼이 울음이 터졌다. 통곡했다. 눈물이 멈추지 않았다. 놀란 S가 나를 안았다. 서태지와 아이들이 은퇴했을 때와 반대로 이번엔 내가 S의 품에 안겨 우는 형국이었다. S는 처음 보는 내 모습에도 당황하지 않았다. S는 담담하게 내 등을 토닥이다 이윽고 날 일으켜 다시 한번 꽉 안았다. 그리고, 나를 부축해서 아무나 들어갈 수 없었던 방송반으로 데리고 가서 의자에 앉게 했다. S는 내 눈에서 쉴 새 없이 흐르는 눈물을 닦아줬다. S는 안쓰러운 눈빛으로 보다가 내가 지쳐 보였는지 정수기 물을 떠서 권했다. 꿀꺽꿀꺽. 시원하게 물을 마신 난 이내 안정되었다. S가 말했다.

"야, 시험 한번 망친 거 가지고 뭘 그렇게 서럽게 우냐?"

"이 시험 때문에 몇 년을 공부했는데, 다 망했어."

"다 망하긴 뭐가 망해. 성에 안 차면 재수해. 그냥."

잠시 서럽긴 했어도 S의 말이 틀리진 않았다. 수능이 인생을 크게 좌우할 만큼 중요한 건 아니라는 걸 살면서 자연스럽게 알게 되었으니. 인생에는 그보다 훨씬 더 의미 있는 일들로 가득 차 있었다. S는 다시 나를 안으며 한마디를 더 건넸다.

"너는 결국 해낼 거야. 나한테 그거 얻어갈 때처럼 끈기 있게 다시 공부해 봐."

S가 따뜻하게 나를 안으며 했던 그 말이 아니었다면 나는 재수를 선택하지 않았을 것이다. 재수를 할 만큼 의지가 강한 사람이 아니라고 생각했기 때문이었다. 그런데, S는 나를 믿어줬다. S의 따뜻한 음성은 나의 의지를 강화했던 게 분명하다. 실제 난 내 인생에 절대 없을 거라고 장담했던 수험생활을 1년 더 하고 내가 원하는 대학교에 들어갔다. S와 서로 한 번씩 주고받았던 위로의 포옹, 격려의 포옹. 내 인생에 수없이 많은 포옹이 존재했지만, 그 시절 S와 나눴던 포옹만큼 인상적이었던 적은 없었다. 지금은 얼굴도 흐릿한 그 아이의 따뜻했던 품을 잊을 수가 없다. 요즘도 가끔 서태지의 음악을 들을 때면 S가 떠오르곤 한다.

- 사이
- 책장
- 엽서
- 커피
- 오래된 물건
- 달
- 포옹
- -

아무도 없는 집으로
돌아와 불을 켰다

같은 주제로 다른 글을 모았던 우리는, 이제 같은 문장으로 다른 이야기를 써보려고 해요. 이곳에 모이는 글은 위 문장으로 시작해야 합니다. 집으로 돌아와 가면을 벗은 당신의 이야기를 들려주세요.

마마보이

아무도 없는 집으로 돌아와 불을 켰다. 이제는 제법 익숙해진 일이다. 대학 생활을 하면서 혼자 자취를 하다 보니 집이 늘 조용하다. 엄마가 4시간을 달려 자취방에 놀러 오면 꼭 하는 말이 '집 분위기가 이게 뭐야. 사람 사는 집이 아닌 것 같아. 티비 좀 틀어놓고!'이다. 나는 조용하고 좋지 않냐고 장난스럽게 되묻는다. 그러면 엄마가 한숨을 크게 한 번 내쉬고는 시끌벅적한 예능을 튼다. 곧 사람 소리가 방 안을 가득 채우고, 포근한 엄마의 향이 내 마음을 부드럽게 어루만진다. 가족이 흩어진 이후로 우리는 더 돈독해졌다. 매일 밤 통화를 한 시간 넘게 하는 건 기본이고, 생일에도 친구들하고 노는 법이 없다. 그래서 가까운 친구들이 마마보이라는 별명을 붙여줬다. 엄마한테 마마보이라는 별명의 유래에 대해 이야기하면 되게 좋아한다. 이유는 묻지 않아서 잘 모르겠다. 그렇다고 엄마한테 모든 선택을 맡기거나 엄마가 하라는 대로 하면서 살지는 않는다. 그저 엄마와 함께하는 시간을 좋아할 뿐이다.

어릴 때는 엄마나 아빠가 집에 있는 시간이 많지 않았다. 특히 아빠와 함께한 기억은 손에 꼽을 정도로 거의 없다. 엄마는 편의점에서 알바를 했고 아빠는 일을 1순위로 두는 군인이었다. 그렇기에 두 분 다 저녁 시간이 되어서야 집에 들어왔다. 당시 내 가장 큰 소원이 학교를 마치고 집에 들어가면 엄마가 웃으면서 가방을 받아주는 일이었다. 늘 엄마와 아빠의 사랑이 고팠다. 돈을 버는 일도 우리를 위한 일이라는 걸 알지만 그것보다도 정서적인 교감을 원했다. 어린 시절을 돌아보면 가족 전체가 모여있는 기억은 큼직큼직한 여행 기억이나 일요일 아침에 라면을 끓여 먹었던 기억이 전부이다. 이것조차 몇 번 되지 않는다. 그래도 엄마와 함께하는 시간은 많은 편에 속해서 비교적 가깝게 지낼 수 있었던 것이다. 시간이 흐르고 여유가 생기면 괜찮을 줄 알았는데 오히려 가족 간의 대화가 더 적어졌다. 나는 방 안에서 일기를 쓰거나 음악을 들었고, 동생 윤이는 공부하거나 아이돌 영상을 보느라 바빴다. 막내 인이는 무한도전에 푹 빠진 엄마 옆에 꼭 붙어서 종이접기를 하며 놀았다. 아빠는 일하고 있었을 것이다. 이렇게 각자 할 일을 하느라 온기를 나누는 일이 없었다. 가족이라는 틀만 갖춰져 있을 뿐이었지 그 역할을 전혀 해내지 못했다. 이렇게 지내다가 최근에 완전히 헤어지게 되었다. 아빠가 우리 저녁을 위해서 장을 보고 집에 들어왔는데 장바구니 안에는 윤이가 싫어하는 식재료가 가득했다. 그만큼 우리는 서로에 대해서 아는 게 별로 없었다. 사소한 것 하나조차도. 다 잃은 뒤에야 지난 시간들을 후회한다. 서로를 더 위하고 사랑할 걸 그랬다.

해가 져서 자취방이 어두워졌다. 엄마가 불을 켜 방을 밝혔다. 작은 좌식 식탁을 사이에 두고 엄마와 마주 보고 앉았다. 식탁 위에는 참치캔과 부숴놓은 스낵면, 맥주 두 캔이 놓여있다. 우리는 마주 보고 앉아서 몇 달째 같은 대화를 한다. 맥주를 들이켜던 엄마가 먼저 입을 연다.

"3일 전인가? 마트에서 일하는데 날씨가 좋아서 그런가, 가족들이 많이 오더라 보는데 기분이 얼마나 우울해지던지."

"나도 그래. 주말이나 평일에 학교 끝나면 집 근처 공원에서 산책을 하는데 다들 엄청 행복해 보이더라."

"우리도 앞으로 행복하게 살면 되지. 그렇지?"

"응, 그러자."

퉁퉁 부은 눈으로 식탁을 치우고 바닥에 나란히 누웠다. 내일 엄마가 집에 돌아가니까 학교 끝나고 오면 아무도 없는 집, 적적하고 어두운 방의 불을 켜겠구나 하며 엄마 등에 얼굴을 파묻고 모든 걸 처음으로 되돌리는 꿈을 꿨다.

사랑의 시작과 소멸

아무도 없는 집으로 돌아와 불을 켰다. 이제 제법 미호의 흔적이 지워진 것처럼 느껴진다. 코로나19가 해를 거듭하며 맹위를 떨치디 겨우 일상으로 돌아오던 그 시기에 성미호를 처음 만났다. 내가 자주 가던 동네의 단골 술집에서 그녀와 우연히 합석한 후 연락처를 교환했고, 남들처럼 간지럽히듯 썸을 타다가, 연인이 되었다가, 부부가 되었다가 마침내 법적으로 완벽하게 이혼하여 남이 된 지 한 달이 다 되었다. 어린 우리의 사랑은 결말이 뻔히 예상되는 그저 그런 멜로 영화처럼 활활 타올랐다가 빠르게 식어버린 것이다. 이 모든 과정이 불과 삼 년이 채 안 되는 시간에 걸쳐 시작되고 소멸하였다는 게 현실 같지 않을 때가 있다. 과거에 무척 집착하는, 미련이 너무 많아 피곤한 성격인 나. 미호가 떠난 후 그녀에게는 나의 그런 구질구질한 모습을 전혀 보이지 않았다. 마지막으로 깔끔하게 안녕을 고한 뒤 한 달 동안 단 한 번도 연락하지 않은 나 자신이 대견했다. 놀랍고 신기했다.

*

"저에게 첫눈에 반했다고요? 너무 진부한 접근 아닌가요?"
"네, 말하자면 그런 셈이죠."
"저는 그쪽하고 사귈 생각이 전혀 없는데요."
"사람 일은 어떻게 될지 모르는 거죠. 전혀 같은 말은 되도록 안 쓰는 게 좋아요."
"에이, 저는 확실하게 자신할 수 있어요."
"확실하게 같은 말도 마찬가지고요."
"우리 합석한 지 겨우 한 시간 지났어요. 아무리 생각해도 너무 빠른 거 같은데요."
"시간은 중요하지 않아요."
"그럼, 기혁 씨가 생각하기에는 뭐가 중요해요?"
"미호 씨랑 이렇게 마주 보고 웃으면서 대화하는 그 자체?"
"아우, 진짜 느끼해요. 그러지 말아요. 제발."

지금 생각해 봐도 그날 미호 역시 나에게 호감이 있었던 게 분명하다. 그렇지 않고서야 낯선 남자에게 자리를 허락한 것도 모자라 그렇게 빨리 연락처를 줄 이유가 없으니까. 물론, 크게 표나지 않았던 술집 사장의 어시스트도 한몫했던 건 부인할 수 없다. 술이 혈관을 적시듯 자연스러웠다. 모든 게. 미호는 내가 연애 시장에서 아직 건재하다는 사실을 증명해 준 고마운 사람이다. 어디 그뿐인가. 연애한 지 얼마 되지 않았을 때, 그냥 혼인 신고를 먼저 해 버리자고 말했던 건 미호였다. 부부가 된다는 것이 그렇게 쉬운 일일 줄이야. 세상의 모든 일은 마음먹기 나름이라는 걸 실감하는 나날이었다. 결혼식 역시 생략했다. 이번엔 내가 제안했고, 미호가 동의했다. 미호와 난 공교롭게도 둘 다 고아였다. 기적처럼 유사한 우리의 이면이었다. 술집에서 고아가 서로 첫눈에 반할 확률이 얼마나 될까. 어쨌거나 괜히 쓸쓸해 보이는 결혼식 사진, 우리에겐 전혀 필요하지 않았다. 결혼은 양 집안의 결합이라서 두 사람만의 사랑만으로는 어림도 없다는 보통 어른들의 말이 우리에게는 전혀 해당하지 않았다. 우리 둘만 있으면, 우리 둘의 사랑이 존재하면 그걸로 충분했다.

미호와 난 그 외에도 공통점이 있었는데, 그건 결정적이고 긍정적인 일면이었다. 씀씀이가 헤프지 않았다는 것. 우리나라는 아동복지법에 따라 만 18세가 되면 정착지원금 고작 오백만 원을 받는다. 미호도 나도 그 돈을 받고 쫓기듯이 보육원을 나올 수밖에 없었다. 고아 출신이 나쁜 길로 빠지는 건 너무나도 쉬운 일인데, 우리는 달랐다. 이미 세상이 불공평하다는 걸 너무 잘 알고 있었기 때문에 어렵지 않게 돈을 벌 수 있다는, 검은 유혹에 쉽게 빠지지 않았다. 어른이 된 미호와 나는 서로를 알기 전부터 각각 최종 학력 수준이 그리 필요치 않은 직장에 취업해 착실히 돈을 벌고 모았다. 보증금이 필요 없는 고시원을 선택, 저렴한 주거 비용을 포함한 최소한의 생활비를 지출하고 있었다. 난 사랑하는 미호와 같은 공간에서 살고 싶었다. 그동안 쓰지 않으려고 부단히 애썼던 각자의 정착지원금을 합해 보증금 삼았고, 부지런히 발품을 판 덕분에 경기도 남부 외곽의 허름한 전셋집을 구할 수 있었다. 짧은 세월이었지만, 정말 행복했다. 행복이라는 걸 손에 쥔다는 게 이런 느낌이라는 걸 몸소 체험했던 순간들의 연속이었다. 아침잠이 별로 없던 미호는 언제나 먼저 일어나 나른한 목소리로 날 깨웠다. 함께 살고 있지 않다면 절대 들을 수 없는 편안한 목소리였다.

"자기야. 일어나. 일하러 가야지."
"어, 어, 알았어."
"얼른, 일어나. 늦었어."
"딱 십 분만 더. 아직 시간 있잖아."
"어떻게 그건 또 귀신같이 알았어?"

꿈같이 황홀한 시간이었다. 미호는 내가 못 일어나면 누운 채로 뒤에서 날 꽉 껴안곤 했다. 미호의 숨결이 내 귀에 닿는 게 그렇게 좋을 수가 없었다. 미호의 부드러운 숨은 달큰한 내음을 풍겼다. 조금 과하게 말하자면 이대로 그냥 죽어도 좋다는 생각이 들 정도로 기분이 좋았다. 사람의 인생이 복잡하다고 믿으며 살아왔는데, 단순하게 미호와 행복했던 순간만을 떠올리니 그렇게 단순할 수가 없었다.

*

아무도 없는 집으로 돌아와 불을 켰다. 이제 제법 미호의 흔적이 지워진 것처럼 느껴진다. 우두커니 앉아서 우리의 시작과 끝을 반복해서 생각하고 있을 때, 갑자기 초인종이 울렸다.

"딩동."

이 시간에 올 사람은 없었다. 아니, 초인종이 울릴 이유는 단 한 가지밖에 없었다. 난 드디어 올 게 온 것뿐이라고 생각했다. 진짜 끝이 아직 남아 있었다는 걸 새삼 깨닫고야 말았다.

"경찰입니다. 남기혁 씨 댁 맞나요?"
"네, 맞습니다만."
"문 좀 열어주시겠습니까?"
"무슨 일 때문에 그러시죠?"
"아시지 않나요? 일단 문 열어주세요."

사실 난 알고 있었다. 잊고 싶다고 잊힐까. 다른 기억으로 덮는다고 과연 덮어질까. 외면하고 싶은 그날의 기억이 바로 어제 일처럼 모두 떠올랐다.

내가 돌아오는 그곳

　아무도 없는 집으로 돌아와 불을 켰다. 어두웠던 시야가 밝아짐이 어쩐지 아쉽다가도, 서늘한 방 안의 온도를 높였다. 엊그제 돌린 이불 때문인지 방 안에는 포근한 섬유유연제 향기가 퍼져 코끝을 건드린다. 유난히 입김이 날이 설 정도로 추운 날. 비로소 억지로 올라가 있어야 했던 입꼬리를 내리고, 거추장스레 늘어진 머리칼도 질끈 동여맨다. 무겁게 걸친 외투를 무심하게 걸고서야, 종일 바짝 긴장해있던 몸에서 힘이 빠진다.

　익숙한 적막에 눈을 끔뻑이다 보면, 방심했다는 듯 이내 소란스러움이 밀려든다. 쓰레기봉투가 앓는 소리, 물건을 옮기다 떨어뜨리는 소리. 밀려둔 설거지를 하는 소리, 어쩌다 또 컵을 깨뜨리는 소리까지. 소란을 주섬주섬 치우다가 익숙하게 핸드폰을 켠다. 이번에는 또 어떤 컵을 살까, 단순하게 넘어가는 일상. 본가에서 살았을 땐 가장 시끄러운 사람이 나였는데. 이 집에서는 가장 조용한 사람도 가장 소란스러운 사람도 모두 내가 되어 있었다. 적막이 서럽게 울다가도 금세 소란스러워지는 곳, 나는 그곳에 불을 켰다.

혼자 살기 시작한 지도 7년 남짓, 처음으로 아무도 없는 집에 불을 켠 날이 떠오른다. 갑자기 밀려드는 서러움에 엉엉 울면서 엄마에게 전화를 걸었던 날. 그제야 나도 외로움을 타는 사람이라는 걸 깨달았으니. 외로움 따윈 타지 않는다며 큰소리를 치고 올라왔던 딸에게, 엄마는 크게 웃곤 잠이나 자라며 전화를 끊었다. 매정하게 끊어진 통화에 그만 더욱 서러워 엉엉 울다가 지쳐 쓰러지듯 잠이 들었다. 훗날의 여담이지만, 그 순간 엄마는 일부러 더 단호하게 대했다고 했다. 그렇게 조금씩 익숙해진 외로움과 마주하며 담담하게 7년을 보냈다. 당차게 시작한 타향살이에서 늘 강해져야 한다는 생각에 무게를 두고, 털어내는 것은 익숙지 않아서. 하루하루살이에 온 힘을 쏟다가도, 돌아온 집에서는 아무런 생각도 감정도 소비하지 않아도 된다는 사실이 편안하고 좋았다. 억지로 애쓰지 않아도 아무런 시선도 마주하지 않아도 된다는 게 내겐 가장 큰 위로였다.

어떤 날은 온종일 아무런 말도 하지 않은 채로 하루가 갈 때가 있다. 입을 다물고 그저 눈으로만 움직이기만 바쁘다. 몇 평 남짓, 손을 뻗으면 닿을 정도의 작은 방. 이 작은 공간 안에서 아무런 말 없이 수십, 수백 번의 생각과 감정들과 싸운다. 사랑하는 이를 떠나보냈다며 서러움에 엉엉 울기도 하다가, 미워하는 분함에 못 이겨 잠 못 들기도 하고. 또 새로운 일을 맞이해 숱하게 웃기도 하고. 이곳만큼은 짙은 흑백의 시간이 되기도 하다가도, 뚜렷한 색을 띠기도 했다. 아무 말이 없어도 괜찮았다. 굳이 어떤 말을 하지 않아도 괜찮은 그런 곳, 그게 바로 이곳이었다.

따로 없는 잠옷에(잠을 잘 때 입으면 그게 잠옷이지) 목이 늘어진 반소매 티를 갈아입고 나면, 늘어지는 몸이 한결 가벼워진 느낌이 든다. 하지만 이리저리 널브러져 있는 잔해들에 긴 한숨을 내쉰다. 내일은 그러지 말아야지. 그런데도 실은 늘 똑같다. 사람은 역시 쉬이 바뀌지 않다는 것처럼 반복의 일상이다. 끝없는 욕심을 뒤로 푹신한 이불에 몸을 뉘면 드디어 끝났다는 후련함에 온몸이 아우성을 친다. 나른한 시야 사이에 띄는 창가. 해가 잘 들지 않아 밤낮이 분간이 가지 않는 게 늘 아쉬운 부분이었는데, 다음엔 꼭 남향인 집으로 가야지. 곰곰이 이사시기를 가늠하다가도 무거워지는 눈꺼풀에 지고야 만다. 그렇게 나의 이사는 또 미뤄져 버린다.

혼자인 시간은 편안하지만, 조금 외롭기도 하다. 귓가를 울리는 따듯한 목소리가 그리울 때가 있다가도, 이내 혼자가 편하기도 했다. 하지만 외로워지고 싶지는 않다는 생각. 모순적이지만 그 외로움이 내겐 서늘함 같은 거라, 적어도 이로움으로는 남지 않을까 싶다. 확실한 건 외롭다고 해도 전혀 불행하지는 않다는 것. 흔들리고 불안한 나를 털어내고 위로하는 일. 이 작은 공간에선 참 많은 것들이 이뤄지고 있고, 앞으로도 그럴 것이다.

불을 켜고, 불을 끄고. 반복하는 일상에도 지루함은 없다. 지난 나를 털어내다 보면 어느덧 다시 불을 끌 시간이 돌아온다. 조용히 불이 꺼지고, 아무도 없는 집은 다시 불이 켜질 시간을 기다린다. 오늘도, 내일도, 그다음 날에도 계속.

집으로 돌아가는 시간

아무도 없는 집으로 돌아와 불을 켰다. 불이 켜지면, 어둠에 잠겼던 온 집안이 일순간 환해지면서 모든 것은 한눈에 들어온다. 현관 입구를 지나 욕실, 장롱이 놓인 작은 방. 거실과 주방, 그리고 건넌방과 욕실이 딸린 안방. 여러 해가 지났지만, 여전히 그 집은 변한 것이 하나도 없는 같은 모습이다.

엄마는 욕실 바닥에 앉아 양치를 했다. 불편해 보였는데 엄마는 그게 편하다며 쪼그리고 앉아 늘 이를 닦았다. 병원에 입원해 있을 때도 엄마는 손을 조금씩 떨면서 양치를 했다. 작은 바가지에 양칫물을 뱉으면서도 힘들어했다. 부모에게 받는 것에만 익숙했던 철없는 자식이 나였다. 가끔 양치질을 할 때면 문득 생각하곤 한다. 그때 내가 양치를 해드렸으면 좋았을걸…. 하고 말이다. 하지만 생각이 모자랐던 것이 어디 양치뿐이었을까.

욕실 옆의 작은 방엔 오래된 장롱이 한쪽 벽을 차지하고 있었다. 오래전 그 장롱을 처음 장만했을 때 엄마가 너무나 뿌듯해하던 모습을 기억한다. 같은 돌장식이 있던 화장대도 있었는데, 거기에 달린 서랍 속엔 몇 개 되지 않는 엄마의 패물이 있었다. 가끔 엄마 반지를 손가락에 끼곤 눈앞에 손을 들어 이리저리 들여다보곤 했다.

"이거 예쁘다!"

백금으로 된 엄마의 결혼반지를 탐냈다. 엄마는 떠나고, 이제 그 반지는 내게 있다. 지금도 여전히 예쁘다. 하지만 생각한다.

'이 예쁜 반지가, 그대로 엄마의 화장대 서랍 속에 있었으면 좋겠다.'

어느 날 거실에 놓을 가죽 소파가 새로 왔다. 막상 사놓고 엄마는 잘못 산 것 같다며 맘에 들어 하지 않았다. 그저 백화점이 집에서 가까우니, 거기 가서 샀다고 했다.

"나랑 가구단지에 좀 더 다녀보지 그랬어?"

엄마는 지나가듯 말했다.

"너 바쁘니까 자꾸 가자고 하기 미안했지."

바쁜 것도 사실이었지만, 바쁘다는 핑계를 댔던 것도 사실이었다. 모든 것은 후회로 남는다.

거실 맞은편엔 식탁이 놓인 주방이었다. 그 식탁에서 나는 엄마, 아빠와 종종 밥을 먹고 오후에 출근했다. 점심 무렵 부모님 댁에 가면 엄마는 새로 지은 솥밥을 내주었고, 생선 한 토막을 자글

자글하게 구워주었다. 그 어느 의사도 이유를 정확히 대지 못한 채 한쪽 팔이 불편해진 아빠는 음식을 자주 흘리며 드셨다. 아빠가 식사를 마치고 일어난 자리를 보며 엄마가 늘 웃었다.

"아이구, 반은 흘리고 먹었네."

주방을 지나면 건넌방과 안방이 있다. 건넌방에는 엄마가 앉아서 인터넷을 보고, 가계부를 쓰던 앉은뱅이책상이 있다. 뭐 그리 매일 가계부를 적느냐는 말에 엄마는 늘 웃었다.

"이걸 안 쓰면 돈이 어디로 도망간 거 같아서 쓰는 거야."

12월이면 엄마는 가계부를 부록으로 주는 여성잡지를 샀다. 엄마에게 가계부는, 일 년의 마무리이며, 새해의 시작이며, 동시에 인생 그 자체였을지도 모르겠다. 나는 일생 가계부를 써본 일이 없다. 어디로 갔는지 당최 알 수가 없는 것이 돈뿐일 리는 없다. 지나간 시간을 기록하는 가계부가 있으면 좋겠다고 생각한다. 그런 것이 있다면 오래된 마음들도 변치 않은 채 차곡차곡 머물러, 그리울 때마다 페이지를 펼쳐 보여줄 수 있을까.

안방의 돌침대에서 누워, 아빠는 종종 다리를 들어 흔들었다. 그 모습이 우스워 엄마는 매일 뭐 하는 거냐고 했지만 그때마다 아빠는 진지하게 대답했다.

"운동하는 거야."

건강이 안 좋아지며, 기억하는 것보다 잊는 것이 많아진 아빠는 가끔 침대에서 일어나는 법을 잊기도 했다. 침대에서 겨우 부축해

거실의 소파까지 나오는 데만도 한참이 걸렸다. 부축하는 아빠 팔은 점점 야위었고, 부축하는 내게 의지하는 몸은 점점 무겁기만 했다.

아빠가 먼저 병원에 입원하고 나자 집안은 더욱 고요해졌다. 아빠가 누워서 다리를 흔들던 그 침대에 이제 엄마가 늘 누워있었다. 초인종 소리가 들려도, 전화벨 소리가 들려도 엄마는 바로 반응하지 못했다. 새해가 시작되고, 엄마 역시 아빠처럼 안방의 그 침대를 벗어나 병원 침대로 옮겼다.

그리고 몇 달 후 봄, 두 분은 이십여 일을 사이에 두고 돌아올 수 없는 먼 길을 갔다. 아무것도 가져갈 수 없는 길이었으므로, 매일 쓰던 세간들을 두고, 아끼던 가구를 두고, 집을 두고 갔다. 그리고, 사랑하는 이들도 모두 두고 갔다.

두 분이 살던 집은 정리했다. 하나씩 하나씩 버려지고, 정리되어 그렇게 한 달여 만에 두 분의 모든 것으로 가득하던 집은 빈집이 되었다. 이제는 여러 해가 지났다. 지금 그 집엔 알지 못하는 또 다른 사람들이, 그들의 시간을 만들어가고 있을 뿐이다.

그러나 종종 나는 그 집을 떠올린다. 아무도 없는 그 집으로 돌아가 불을 켠다. 기억의 불을 켜는 순간, 어둠에 잠겨 있던 빈집이 환해지며, 그 공간은 다시 마법처럼 살아난다. 모든 것이 다시 돌아오는 순간이다.

어둠과 살 맞대고

 아무도 없는 집으로 돌아와 불을 켰다. 아직 도망가지 못한 어둠들을 잡아서 제자리에 옮겨 놓는다. 어둠들은 무게가 각기 다르고 저마다 색마저 달라 알맞은 곳으로 보내줘야 한다. 어느 놈은 커튼 뒤로, 이놈은 침대 밑으로 넣어둔다. 가끔 처음 보는 놈이 나타나면 자못 놀라 어쩔 줄 모르고 고민하다가 밤새 잠들지 못할 때가 있다. 아침이 되기 전까지 해결되지 않으면 연필심에 숨겨 놓는다. 그래서 내 글은 간혹 남은 잔흔이 나오곤 한다. 다만, 연필을 깎을 때 뾰족하게 두는 걸 지양한다. 혹시라도 글에서 상처 주지 않기 위해서이다.

 본래의 모습 그대로 물건들이 한 자리씩 차지하고 있는 게 조금은 속상했지만, 한편으로는 바뀌지 않고 그대로라서 안도했다. 어쩌면 책장에 꽂힌 시집의 순서가 달라졌을지도 모른다. 출판사

시리즈별로 표지 스타일과 높이가 같지만, 이것들을 번호별로 나열했는지, 제목순인지, 시인 이름순으로 나열했는지 기억하지 못한다. 아마도 단어를 조합하는 유명 시인들도 모든 걸 다 기억하지는 못할 거다. 시를 쓸 당시 연필심이 뾰족했는지 어둠이 숨어있는지 말이다. 모든 걸 다 기억할 수 없다는 건 큰 축복이다. 불을 켰다는 사실을 망각하고 내 미래는 또 불을 끌 예정이다.

분리수거 하지 않은 플라스틱 햇반 용기가 불편하게 쌓여있다. 언제나 버리겠다던 위대한 계획은 아직 실행되지 않고 있었다. 언제나 1인분이다. 그 정도가 내가 감당할 수 있는 고민거리 양의 한계다. 햇반 뚜껑 스티커를 힘겹게 살짝 열어둔다. 갈비뼈 안에 모아두었던 이야기가 작은 입술을 통해 나올 수 있는 크기만큼만이다. 전자레인지 조명을 오롯이 받으며 손이 델 만큼의 뜨거움을 깊게 내뿜으며 돌아간다. 춤을 배워둬서 참 다행이다. 덜 어지럽게 도는 법을 알고 있다. 지구마저 돌고 있는 인생인데 이곳에서 살아남는 생존법을 익혀 둔 것이다. 창문 밖, 어제와 다른 모습을 보여주는 달이 촘촘한 모기장에 걸려 사각형으로 나눠 있다.

보일러를 외출에서 목욕으로 변경한다. 붉은 불이 들어오면서 물이 데워지기 시작한다. 한동안 어디론가 가지 못하고 호스 안에 고여 있는 물의 일부가 있다. 그것들을 사유하고 내뱉으려 한다. 먼저 입고 있던 옷가지들을 하나씩 벗어낸다. 외투는 옷걸이에 걸고 양말은 빨래통으로 간다. 타자에게 보이는 대부분의 모습이 외투이다. 다음번에도 구겨지지 않는 상태로 나타나기 위해 집 안에서 가장 높은 곳에 걸어 놓는다. 양말은 땀에 차 있다. 안간힘을 쓰면서 최대한 발에 붙어 있으려고 한다. 생각의 살이 찌면서 몸을 구부리는 자체가 점증적으로 부담스러워지고 있다. 예능 프로에서 브랜드가 적혀있는 팬티 위 라인이 접힌다는 말에 쉽게 공감을 내주었다. 접힌 몸으로 양말을 벗어내면 숨기고 싶어졌던 진실까지 드러날까 걱정이 된다. 지탄받을까 하는 걱정과 수치심 등이 발가락 사이사이에 고여 있다. 아무도 없는 집이지만 고여있던 물이 세상 밖으로 가져갈 수 있다는 생각에 두렵다.

    내일의 알람을 꺼둔다. 조도를 낮춘다. 책장에 있는 시집을 하나 꺼내면서 조각난 달을 풀어주고 온다. 침대 옆자리 공백은 어둠으로 채운다. 오늘은 아주 가까이에서 살 맞댈 예정이다. 그리고 물어볼 거다. 이름이 무엇이냐고.

비싼 밥 먹는 날

 아무도 없는 집으로 돌아와 불을 켰다. 다시 껐다. 가방을 소파에 던지듯 놔두고 작은 핸드백에 신용카드, 핸드폰, 차 키만 담고 다시 집을 나와 근처 호수 공원으로 갔다. 주차장에 차를 세우고 1km가량 기껏 걸어간 단골집은 오늘따라 문을 닫았나. 오기 전 스치듯 봤던 작은 커피&와인바가 떠올라 발길을 다시 돌렸다. 자리를 잡고 앉아서 바깥을 바라보고 있다가 수첩을 꺼내 들었다. '나 혼자서 비싼 밥 먹는 날'이라고 기록했다.

 "어서 오세요."
 앞치마를 두르고 머리에 두건을 쓴 남자 직원이 상냥하게 인사를 건넸다.
 "1인 식사도 가능한가요?"

작은 레스토랑이기는 해도 주말이라 혼밥족보다는 단체 손님을 더 반길 것 같아 물어봤다.

"그럼요. 음료부터 준비해 드릴까요? 아니면 바로 식사를 하실 건가요?"

당연할지도 모르지만, 격식을 갖추고 말하는 직원의 태도에 혼자라는 부담스러움과 부끄러움이 조금 사그라들었다. 마음껏 분위기를 내고 싶어 창가 자리를 택하고 싶었지만 앞서 나간 사람들이 먹다 남긴 음식이 담긴 접시가 아직 그대로였다. 치울 때까지 기다리지 못할 정도로 인내심이 없는 편은 아니지만, 오늘은 괜히 남들이 먹다 남긴 음식 앞에 잠시라도 덩그러니 앉아 있기가 싫었다. 하는 수 없이 가장 안쪽 자리에서 문 앞을 바라보고 앉았다. 남에게 등을 보이기 싫고 뒤에서 내 모습에 대해 이러쿵저러쿵 수군거릴 것만 같은 느낌도 신경 쓰였다. 물론 괜한 걱정이라는 거 안다.

"어떤 걸로 하시겠습니까?"

메뉴판을 펼쳐 드니 혼자 먹기에는 부담스러운 가격이었다. 원치 않는 주말 당직근무를 섰다. 짧은 기간이었지만 다른 부서로 지원을 나간 것은 그 이상의 에너지가 소비되는 일이다. 무엇보다 담당 부서의 대표 격으로 나가는 거라 실수해서는 안 되고, 믿고 맡긴 만큼 책임감을 두 배로 짊어져야 해서 퇴근 무렵에는 거의 탈진 상태가 되었다. 때문에 평소처럼 라면이나 김밥, 햄버거로 때우고 싶지는 않았다.

문자가 왔다.

[아직 퇴근 전이야?]

가족 단톡방이었다. 주말에도 서로가 바쁜 가족들이지만 식사 때 되면 어김없이 식탁 앞에 모이듯 한자리에 모여 간단한 대화를 나눈다.

[산책 중이야.]

[나 밥 먹고 들어간다.]

[엄마, 나는 아직 학원.]

[그래. 다들 이따 봐.]

문자를 끝내고도 잠깐 망설이긴 했지만 이내 2만 원짜리 알리오 올리오 파스타를 주문했다. 수첩에 기록할만한 가격이지 않은가. 하지만 먹지 못할 이유도 없다.

주문을 마치고 그제야 고개를 들어 가게 안을 둘러봤다. 얼핏 7-8개 정도 식탁이 놓여 있다. 세 커플들이 식사를 하며 담소를 나누고 있었다. 어색했다. 기분 탓이겠지만 내게 무슨 사연이 있는지 궁금해하는 시선들이 느껴졌다. 등을 돌려 앉지 않고 당당히 앞을 보고 앉기를 차라리 잘했다는 생각이 들었다. 시선들이 머무른다는 느낌도 고작 몇 초간이었다. 그저 배가 고플 뿐이다. 머그컵 사이즈만 한 아담한 유리 물병에 작은 각 얼음들이 동동 띄워져 있었다. 투명한 물 잔에 물을 따르고 한 모금 마신 뒤 내 앞에 올라올 비싼 파스타를 기다리는데 상기된 표정의 쉐프가 주방에서 나와 급히 내게 다가왔다. 재료가 소진되어 다른 종류의 파스타를 주문하시면 안 되겠냐는 거였다. 알리오 올리오 파스타의 재료가 소진될 일이 뭐가 있나 싶긴 했지만, 차선책인 마늘종 파스타가 몇천 원 더 저렴하기도 했고, 처음 먹어보는 거여서 모험을 즐기는 내게는 외려 잘 된거라 생각했다. 편함과 익숙함을 쉽게 용납하지 않는 내 삶의 모습에 더해진 또 하나의 변수.

"맵지는 않을까요?"

"아네요, 맵지 않아요. 맛있게 만들어 드릴게요."

몸에 밴 친절함이겠지만, 그럼에도 처음 보는 내게 어쩜 이리도 다정할까. 다음에 또 혼자 와도 되겠다 싶었다. 당황해서 발그레해진 얼굴을 한 쉐프는 서둘러 주방으로 들어갔다. 음식을 기다리며 습관처럼 식탁이며 식기 세팅 사진, 셀카까지 찍었다. 이제 그 어떤 시선도 의식되지 않았고 통유리 창밖 풍경, 각각의 식탁에 앉은 세 커플들이 뭘 먹고 있는지 보는 여유까지 생겼다.

앞자리에 앉은 여자가 고향 말을 썼다. 진한 사투리를 쓰는 여자 앞에 앉은, 표준어를 사용하는 남자가 열심히 맞장구를 쳐주고 있었다. 눈을 마주치고 즐거운 듯 서로 웃었다. 옆자리에 앉은 커플은 포크 질을 하며 각자 핸드폰 화면을 들여다보고 있었다. 또 한 커플은 막 식사를 마치고 계산하고 나가며 손을 마주 잡았다. 그 뒤로 한 커플이 들어왔다. 쭈뼛쭈뼛 메뉴를 둘러보고 가격을 본 뒤에 토마토 파스타는 없는 거냐며 메뉴 탓을 하고 나가 버렸다.

[오늘 도와주셔서 감사합니다.]

[역시, 든든했습니다.]

[주말에 근무하기 쉽지 않은데, 가장 적시에 도와줘서 고마워.]

[연륜은 어디 안 가요. 최고!]

[거듭거듭 고마워요. 남은 주말 푹 쉬세요.]

갑자기 문자가 한꺼번에 와르르 밀려왔다. 알람이 울려대는 통에 당황했지만, 무음 처리 후 이어 몇 통 더 이어지는 칭찬 문자들을 봤다. 남아있던 긴장감들이 풀렸다. 기분이 좋아졌다. 얼음이 동동 띄워진 투명 유리잔에 담긴 물을 한 번 더 마셨다. 맹물인데도 알싸함과 청량감이 돌았다. 후련했다.

"식사 나왔습니다. 맛있게 드세요."

아무도 없는 집으로 돌아가 볼을 켰다.

씨기 인애의 통을 준 30인

정명원   공미
유창미   인물
박지초   소원
안단수   유성
Jeiya

초판 1쇄 발행 2022년 6월 30일

기획 및 편집   이항승
표지 디자인   평오 @pyeong_oh
교정/교열   이항승

펴낸곳   그림 의미에서
출판등록   2020년 7월 31일 제 2020-000056호
SNS   @2nd_his_meaningshop
주소   경기도 수원시 영통구 매여울로 40번길 42-2 1동, 그림 의미에서
이메일   2nd_meaning@naver.com

* 이 책 내용의 일부 또는 일부를 재사용하시려면 펴낸곳인 그림 지자인 동의를 받아야 합니다.

이 있다. 붇게에 쟁광영이 생겨 끈을 더 영아나고 짱중힌다. 쟁중
를 마키고 컹강하게 숭을 쉐어려 기게를 내인다. 용을 짧이고, 헨
드리인 기게 인득은 표해힌다. 궁쟈이에서 별인 용이 고고 기게
가낙 사이에 수매들 산~ 하여기 사이기 우리기, 힝퓨이 컹휴인 잠
럼인는 자긴 사이도 움이 마드는 수디, 기게를 치긴 내인는 나만
득이장긴 수 인다. 움이 기게를 득과하염 기이 오르기 시자하는
데, 긴교 헨게 타고 으로 기계 용을 마이언이다. 영이고 낟은 장
니가 기게를 붇는다. 자키에 않이 단기 사이를 만는이 중 계
펀컹힌다.

〈하긍하긍 세 먼째 이야기〉

세명이 항긔가 시자됩다.

넘어서도 쉬지 않고 달리게 한다. 덕분에 쉬어야 할 때는 잘 쉬어야 한다는 강박이 생겼다. 쉬는 것 마저도 일의 연장선이다.

씻고 저녁을 먹었다. 더는 자리가 없어서 누워있는 책들을 밀어두고, 오래전에 기쁘게 읽은 책을 꺼냈다. 책이 빠진 자리에는 사이가 생겼다. 쉴 줄 모르는 나는 매일 읽는 책을 집어 들어야 그 정도의 자그마한 틈을 만들어 낼 수 있다. 집중해서 읽지 않는다. 어차피 여러 번 읽은 책이라 읽지 않아도 내용은 머릿속에 재생된다. 자기 전에 뭐라도 하고 잔다는 기분을 느끼기 위해 펼친다. 달을 바라보는 장면이 이쁘게 묘사되어 있다.

아침에 일어나서 씻고 가방을 챙긴다. 어릴 때부터 가지고 있는 버릇은 모든 물건을 가방에 담고 다닌다. 8교시까지 빠듯하게 채워져 있는 시간표와 끝나고 학원에 가야 하는 일정에도 불구하고 나는 모든 책을 가방에 넣고 다녔다. 지독한 습관은 오래되었고, 습관 곁에는 아직도 들고 다니는 가방이 있다. 교과서를 담고 있던 가방은 노트북을 품었다. 어느 날은 라오스에 함께 갔고, 어느 날에는 홍콩에 갔다. 가방을 멜 때마다 엽서 사진 같은 추억이 떠오른다. 짓누른 무게만큼 가방을 들었고, 오랜 시간 연필을 쥘 때 손가락에 생긴 굳은살처럼 어깨에 자국으로 남았다.

책방에 도착하면 기분 나쁜 쾌쾌한 냄새가 난다. 밤새 무슨 일이 있었는지, 나무로 된 책장이 입에서 단내를 뿜어내듯 나쁜 기운

가장들 내면통의 진정을 품어내지만, 체면에서 해야 할 일들
이 마음속을 가득 채운다. 트럭지 생각만으로 해결할 수 없는 집을
등기에 벌청거리곤 한다. 길가 한쪽 둥치에 앉고 싶어진다. 체념을 시
작할 시도 모를 것이 다가왔다. 그러게 하지 않겠음은 마음이
가. 20대의 정중당 과거의 사의지 막내로 올림이 가족심어리 마
에 내가 지금 사이도 치는 전기가. 정치등 중에는 생각은 정중심들

도록 떠났다, 내 옆에서 가장 먼 곳의 계곡로.
페 없었다 오래도는 이틀 여행에로 동참하지 못했다. 가졸돌에게 제주
이 그래도라고, 계통에 자는 것이에 있는 하지 이들을, 남득 차 물 강
남기 종이에 있다. 증제이라는 말이지만 아무 개정하지 강조한 지고
아이도 없이 길으로 돌아와 돌을 접다. 가졸돌이

나가는 글

표웅

내 품의 온도 - 웅이
이상형 분석에 - 진영원
깨근거리는 이유, 이상형이 의미 - 주원
나는 사비스지마다 - 양도현
사비지상 발렌타인 그리고 S - 임현

아무도 몰래 진심으로 좋아한 날을 꼽자

마마보이 - 웅이
사랑이 시작될 무렵 - 임현
내가 좋아하는 곳 - 주원
장으로 돌아가는 시간 - 진영원
이별과 잘 살라고 - 현도영
비행 뒤 바는 밥 - Jeiya

이불 속의 공격하기 - 유정
달이 뜬다, 달을 꺾다 - 불주주
달이 뜨고 달이 뜨는 - 김예림
달을 포기 가지 못하는 시간 - 소영

달

시간이 지나도 기억되는 것들 - 소영
○○실장, 관객집단 공격지침 공연실황 - 용광훈
돈수쿠안에 남는 갈망 - 유정
버지니아 - 김예림

오페라 극장

목차

연시

물은 영사의 기점 - 황용
빨간 꿈 당신 - 양단우
이향의 역사 - 김영임
수취인불명 - 별쯔쯔
엽서로 뜨고 싶은 여름 - 수영

표기

"길 양, 여기 가지 줘." - 양단우
받는 수 뒤 티스푼 설탕을 한 티스푼 - 수영
커피를 마실 때 - 김영임
효과에 기대어 - Jeiya
별쯔쯔에 커피가 쏟아진다 - 별쯔쯔
2:2:2 - 종이

사이

독특 사이를 정의해 생각한다 - 정희원
가벼운 틈새를 지렛대 삼아 기둥이다 - 주원
사이코패스 - 양한웅
우리가 탐닉할 사이는 아니잖아요? - 임환

친정

그들의 이야기를 기다린다 - 정희원
권장할 용을 만한 제정된 검고 싶이 - 유정미
이별게 살고 있다 - Jeiya